# 邂逅

有時只是
擦身而過

黃麗穗 著

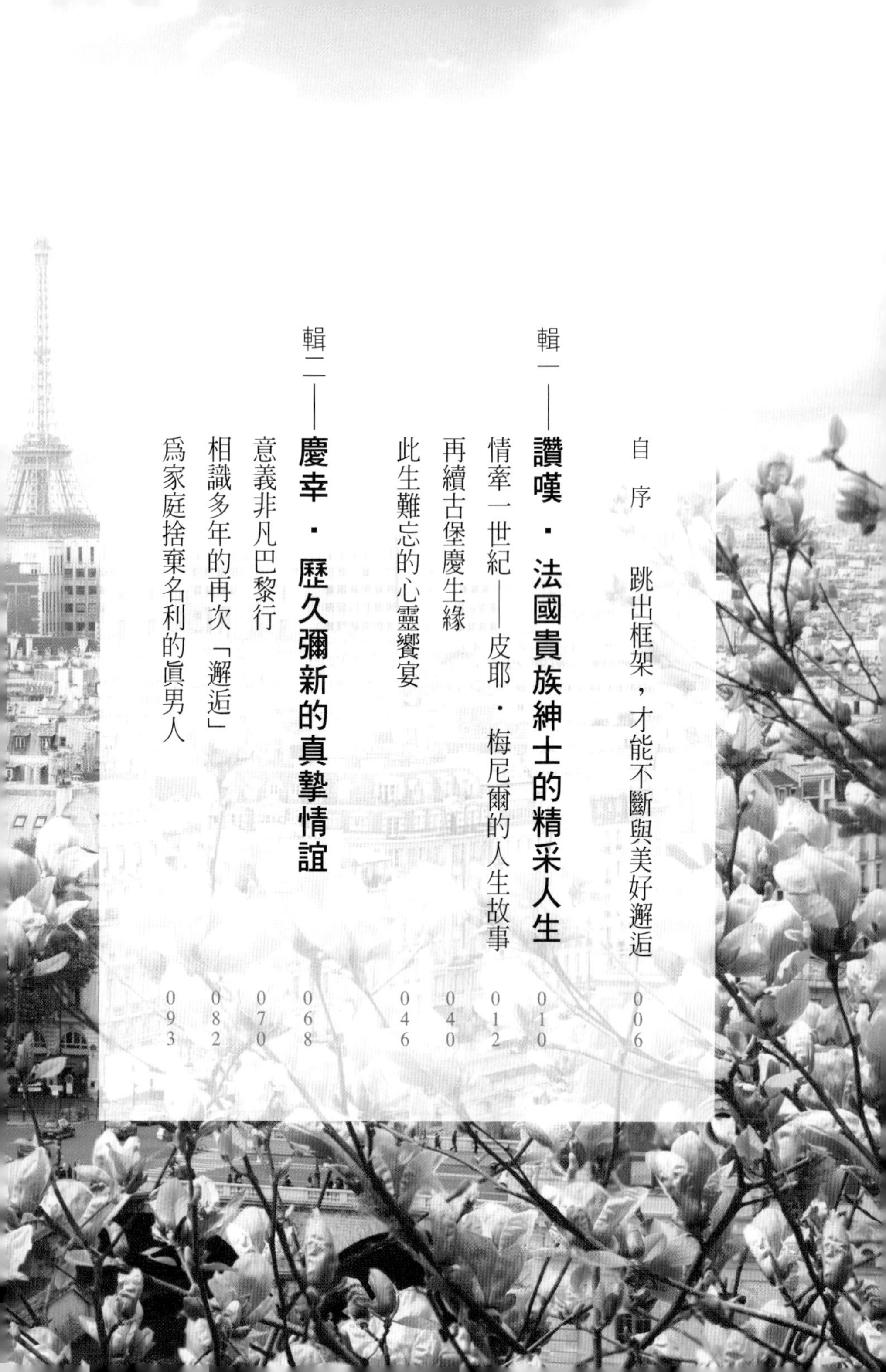

## 輯三——欣賞・不一樣的生命歷程



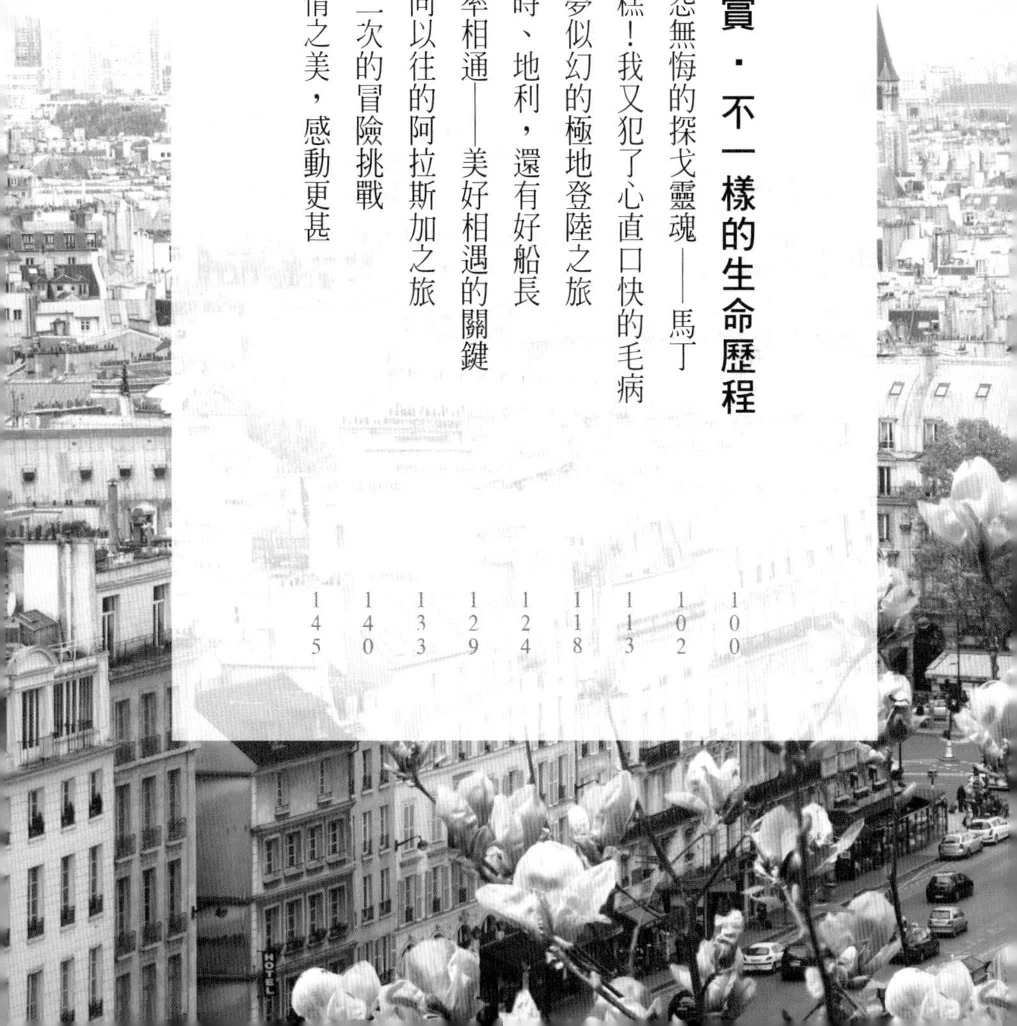

## 輯四——驚喜・充滿無限可能的旅行

自序——

# 跳出框架，才能不斷與美好邂逅

人的一生，被數不盡的框架包圍著：比如幾歲該做什麼、不該做什麼；怎麼樣的言行舉止才能與年紀相符。我們努力迎合各式各樣的社會標準，因此活得安全，卻不見得過得快樂。

我常自嘲是個活在框架之外的人，年齡於我，向來沒有太大意義。只有健康，我恪守著當下年紀需要留心的事項。除此，無論待人接物、求知學習，我都是旁人眼中顚覆傳統、跳脫常軌的角色。我很少走在那條已經堆疊著無數腳印的直線上，尤其對於時尚、旅行、美食美景，我永遠懷抱著無齡的熱情，友人登高一呼，第一個響應的一定是我。

因爲跳出框架，才能隨處隨時，不斷與美好邂逅。

在這本書裡，我以極大篇幅書寫了法國老紳士皮耶，還寫了南美的探戈舞者、南極郵輪的船長、生物學家、老朋友、新朋友、陌生人，我不斷在旅途中遇見新的感動，邂逅驚嘆的人文景致。每一段緣分都是如此美妙，讓人不由得想要呵護與珍惜。即便只是在郵輪上，因緣際會與陌生的外國男士共乘幾分鐘旋轉木馬轉臺上的長椅，我都可以感受那瞬間最純淨的快樂，笑得像個八歲孩童！

旅行，有時彷彿是施與受的過程。在法國，因爲鼓勇與旅伴們幫貌似貴族的老紳士唱生日快樂歌，開展了不可思議的越洋友誼；在香港，因爲一件買給遊民老婦人的外套，溫暖了我自己的心；在巴黎，因爲一罐特意贈送陌生人的阿里山茶葉，讓我自詡做了成功的「國民外交」；在阿根廷，因爲趕鴨子上架的與探戈舞者一曲共舞，讓對方大汗淋漓，也讓我的旅程多添足堪說嘴的趣味一筆……

常有人問我：旅行了這麼多年，各地都去過了，還沒膩嗎？

我永遠毫不矯飾的回答：

「怎麼可能膩啊？世界是越玩越大的！」

真的，千萬不要給自己設限：年齡的界限、地域的界限、能做什麼不能做什麼的界限，囿限與藩籬越多，越不快樂，也會老得越快。我們都是一樣的，若不踏出那一步，怎麼能夠見到前方美麗的生命火花？

如是邂逅，如是精采，如是人生！只要心意常青，我就要一直不斷的，與新的世界、新的自己相遇！

輯一

# 讚嘆‧法國貴族紳士的精采人生

只因偶然勇敢釋出的善意，
竟成就了一段超越種族、語言、文化、年齡、國度的可貴情誼。
多麼不可思議的相遇！

# 情牽一世紀——皮耶・梅尼爾的人生故事

躲避戰亂讓她的大眼睛盛滿驚恐與憂傷，緊緊交握的雙手卻又透出不足為人道的堅強。這樣的她，讓少年皮耶像見到荒野中的玫瑰一般，第一眼便無可自拔的愛上了。

人生中的相遇，有偶然；有刻意。近十年來，旅行已逐漸成爲我人生的重頭戲，與陌生人邂逅，遂成了完全無法事前安排的「戲中戲」。

## 害羞不喜交際，旅行讓熱情抬頭

老實說，我其實是個害羞的人；年歲越長越是如此。很多應酬場合，我已經無法長時間參與，寧可「宅」在家中，素著一張臉，穿一件柔軟舒適的居家服，輕輕鬆鬆、慢條斯理的吃一頓沒有壓力的粗茶淡飯。

旅行中的我不同：身處異鄉，少了熟悉的語言，在無法預料人事物的情況下，我反而變得勇敢大方得多。明明一口字彙少得可憐的破英文，只要天時地利人和，我就有可能大刺刺脫口而出，從不擔心人家笑話。

所以，我曾在《出走》一書中提及，在法國搭乘河輪，只因爲船長操控船身的技術了得，俐落安全的帶著我們通過落差極大的閘門，我便可以衝到駕駛艙門口，大喊一聲：

「You are my hero!」再一溜煙跑掉。

也許，旅行總是喚醒我內心深處的熱情；也許，我下意識的珍惜著旅人們萍水相逢的緣分。所以旅行中的我，總能毫不遲疑的伸出平日內向被動的雙手，探向世界。

## 古堡初遇，難得的緣分

與法國老先生皮耶・梅尼爾（Pierre Menier）的相識，算是這些年積累的旅遊經驗裡，最不像尋常人生的劇情……

二〇一三年五月，我與朋友們到法國鄉間旅行，在羅斯柯特古堡（Rochecotte Castle）住了三夜。連續三晚都見到一位氣宇軒昂的法國老紳士，獨坐角落用餐。一個人、一瓶香檳，寂寞的側影讓人難以忽略。第四天一早，臨離開古堡前的最後一頓早餐，我終是耐不住好奇，請朋友委婉向古堡的服務人員打聽。這才知道原來老先生是古堡常客，過兩天正要在此舉行他的生日宴。

那一年，老先生九十歲。湛藍的雙眼非常有神，身形依舊高挺，沒人能否認他的帥！

我們仗著人多，自告奮勇要替老先生唱首生日快樂歌。他欣然接受。一群來自臺灣的陌生人，在法國的古堡中，誠摯的爲九十高齡的法國老紳士獻上祝福。

未料，老先生竟對我提出邀約，希望我能參加他的生日宴。但因爲離開在即，我們還有接續的行程，只得婉謝他的熱情。

# 最值得書寫的風景

光陰如梭，倏忽兩年。

兩年中，我去了四趟巴黎，從來沒想過再與老先生相見。記述這兩年旅遊見聞的新書內容業已一篇篇成形，我的生活來回於書寫與旅行之間，隱隱覺得疲累，卻又不捨停筆。

直到二〇一五年五月，我的心緒，找到了新的轉折。

我審視自己的內心，關於旅行，這些年陸陸續續的已經寫了太多。雖說這世界怎麼也玩不完，且我總不捨藏私，堅持獨樂樂不如眾樂樂；但只是聚焦於景點與風土，寫多了，似乎反而失了新意。有天晚上，我在床上輾轉反側，突然靈光一閃：

「既然景寫疲了，爲什麼不寫人呢？」

這個想法一出現，第一個躍進腦海的身影，就是那位法國老紳士。

兩年前的春天，羅斯柯特古堡開滿了紫藤，好幾個棚架的紫藤花，像葡萄一般，一縷又一縷，豔麗極了。就在那般充滿豔紫的春日，我們與一位九十歲的法國男士相遇，我看著與他的合照，相紙一角清楚印著二〇一三年五月八日。然而，沒有電話、沒有名字，怎麼聯繫呢？

「言行舉止那般優雅不凡，一定有很多故事吧？」尤其，以他的年紀，必然是經過二戰的，這更加激起我的好奇，更無法不起而行了。

本來我二〇一五年五月就有一趟法國行。主意既定，便趕緊聯絡住在法國的友人孫先生，請他向羅斯柯特古堡詢問，打聽老先生的消息。未久便收到回音，據悉老先生常常會至古堡小住，二〇一五年預訂了五月十三日。我聽了很是開心，立刻委請孫先生設法聯絡對方，不知有無可能再與老先生相見，期望能在古堡重聚，聊聊他的故事。

「重聚」？這心願聽來有點不自量力。已經整整兩年未見，當初又只是一面之緣，希望法國老先生可別把我當做什麼奇怪的人物才好。

## 再相逢，自是有緣

想不到，老先生竟然還記得我這東方小女子；就連古堡工作人員也都對我

2015年再度與皮耶先生於羅斯柯特古堡飯店重聚，92歲的他仍神采奕奕。
（右一與右二為友人孫先生與我的女兒）

印象深刻。我的不情之請，老先生欣然應允。

行前，我特意將記述二〇一三年羅斯柯特古堡行的那篇文章（後來收錄於《回家》一書中），拿去翻譯社請人譯成法文。打算帶去法國，既可算是一份別緻小禮，也可藉以證明，在下的確是個寫書的人。

這一回，女兒娃娃與我同行。她英文好，在身邊就像個能幹的祕書，能讓我安心不少。孫先生也受我之託，陪我們一起去了古堡。

抵達羅斯柯特古堡已是下午，可愛的老先生，早上就到了。

已經高齡九十二歲的他，前一日

剛從以色列趕回法國。爲了能神清氣爽的相見，老先生下機後，還在過境旅館希爾頓住了一宿。

然後一大早，他獨自一人，連開五小時的車來古堡赴約。

難以想像……九十二歲的人！

## 故事，從頭說起

我們約在羅斯柯特古堡的餐廳相見，時隔兩年，那是一個多麼熟悉卻也陌生的場景！老先生一見我便是一個臉貼臉的法式擁抱。大概是太大力了，我好像隱約聽到了顴骨相撞的聲音！

本來以爲，他去以色列是爲了朝聖，一問之下才知不是。以色列至今他已去過三十餘次，因爲有好友住在當地，老先生又挺喜歡那裡，所以每年都會去住上一段時日，度假兼訪友。

兩年前的簡短寒暄，僅知他的愛妻因病住在安養院。除了常常探望，其餘時間他都是獨自生活。猶記得當時我們還曾打趣的問：

「您都沒有羅曼史嗎？」
「當然沒有！」老先生笑答：「我這一生，只有我太太一個女人！」
「怎麼可能？」我們當時在心中嗤之以鼻，拜託，閣下可是法國男人耶！
此番相見，聽他細說那超越半世紀的愛情後，才知道……
是眞的！

## 出身豪門的寂寞少主

一九二三年生的皮耶，出身法國巧克力業鉅子梅尼爾家族。自小家境富裕，又是獨生子，過的自然是一般人難以企及甚或想像的優渥生活。
或者，我應該說「優雅」。
在那個年代，在那樣的身家背景中，集祖父母與父母萬千寵愛於一身的小皮耶，日復一日的，被優雅的養大了。
如今高齡九十二的皮耶嘆口氣，些許悵惘的說：
「小時候的我當然很幸福，但因爲時局不好，不能常跑出去玩，所以我幾乎沒什麼幼年的朋友。」

皮耶少年時期，二次世界大戰爆發。十六歲那年，深怕獨子受戰火蹂躪的父親，將他送進法國中部的山區躲藏。爲保住家族唯一血脈的小命，向來疼愛皮耶的祖父母，也不得不忍痛讓寶貝孫兒離家。

這一別，就是五年！

說來好像容易，其實逃亡過程十分曲折。原本皮耶與四位同齡夥伴要順應政府規定去當義工，但因當時德國已占領法國，所謂義工，就是要被強制送去德國，這對皮耶他們來說無異於送死！沒人不想逃走！

於是，在一位伯父的幫忙與安排下，少年皮耶，被送到了伯父的鄉下醫生朋友家。

講到這裡，皮耶停下來，嘴角浮現一抹笑意，然後說：

「我與她，就是在那兒相遇的。」

戰亂中萌芽的愛情

皮耶說，妻子本來的避難目的地是安納西（Annecy），但因爲中間有十五天的空檔，她也被安排到醫生家暫時躲藏。

一對少男少女，在烽火的邊緣相遇，情竇初開，自此戀戀一生。

「眞的是命運的安排啊！」皮耶說。隨著他溫柔但我無法聽懂的語音，我的思緒飄到了七十餘年前的法國鄉間，那裡的草木花朵，必然茂盛蓬勃；房舍簡樸卻古典優雅。仍未受戰火燻染的微風，沒有愁緒的吹拂著。少女懷著忐忑的心，踏進醫生的家，渾然不知人生就此改寫，另一半就在同一個屋簷下……

我想像著她那一日的穿著：如雲的秀髮半掩住草帽下的秀麗臉龐，一襲白色洋裝，肩上披扣著開襟毛衣。躲避戰亂讓她的大眼睛盛滿驚恐與憂傷，緊緊交握的雙手卻又透出不足爲人道的堅強。這樣的她，讓少年皮耶像見到荒野中的玫瑰一般，第一眼便無可自拔的愛上了。

「我對她，眞的是一見鍾情！」皮耶微笑，瞬間彷彿重回年少。

兩人只相處了短短一個月，卻已足夠讓他們深陷愛河。在接下來被迫分離的一年中，皮耶說：

「我總共寫了四百多封情書、一二三十首情詩給她！」

曾經，命懸一線

雖然當時處在逃躲藏匿的非常時期，少年皮耶仍加入了戴高樂主導的反抗軍，爲免這些年輕生命無謂的犧牲，他們大多只被委以蒐集情報的工作。

「有一天晚上，」皮耶瞇起眼回憶，「一個小男孩跑來找我，神色驚惶。他攤開小手，我一看，手心中是一個『逃』字。」

皮耶大驚，心想這必定是醫生給的指示。片刻不敢多留，匆匆拾掇包袱便離開寄居的農莊。

就在他走後兩小時，德軍進了農莊，恣意殺戮，所有留下的人，包括藏身該處的反抗軍，無一倖免。儘管已經相隔近八十年，皮耶仍然難掩痛心：

「我不知道那個跑來警告我的小男孩有沒有逃出德軍的魔掌，他眞的是我的救命恩人！」

連原本避難的農莊也捲入了腥風血雨，可見戰事已然擴大。未久，德軍連羅亞爾河南方的原非占領區，也開始占領了。

戰時皮耶千鈞一髮的逃過一劫，戰後他與四名同伴順著加隆河往南行，未料卻在半途被另一支由共產黨主導的反抗軍給抓走，「那是我第二次差點沒命！」皮耶說。就在五個人瀕臨被處死之際，因為市長的說情，他們才被釋放。

戰爭結束，大難不死的皮耶輾轉回到闊別了五年的老家圖爾，這才知道，疼愛他的祖父母已死於戰火，再也無緣相見。

戰前，梅尼爾家族的輝煌事業，完全成就於皮耶的祖父母之手。戰亂之後，天人永隔，家族事業也形同摧毀。

## 戰後人生，開啟新頁

一九四五年，二次世界大戰結束，皮耶與他那相遇於戰時、魂縈夢繫的女孩，在里昂結為連理。

婚後次年，他們的第一個孩子呱呱墜地。接著再一年，又迎來第二個小生命。

祖父母雖已離世，但皮耶身爲家中獨子，父母還是希望他能接續與振興家族事業。這一條於情於理都該是義無反顧的路，卻被有其他理想的皮耶推拒了。

「我喜愛電影。」老先生笑談年少，那曾經憧憬的美夢讓他的眼神亮了起來。

也許是法國人天生的浪漫因子吧，皮耶很幸運，對家族事業說「不」並沒有因此遭到父母的阻撓。家人反而以現有的資源支持他，年紀輕輕的皮耶，二十多歲已是三家電影院的老闆。

高、富、帥，我看著眼前這位九十二歲的老先生，心想：

「早在七十年前，您就已經是現代男性的典範了啊！」

皮耶雖出身富家子弟，卻很有商業頭腦。他回憶那一段經營三家電影院的日子，不掩驕傲的說：

「我做得很成功。」

我欽羨的想像起他們一家，當年夫帥妻美，既年輕富有、恩愛惜福，膝下又有可愛的孩子……不知羨煞多少法國人！可此時，命運給他們出了新的難題。

「正當一切都幸福完美時，我那剛出生的兒子卻生病了。」皮耶說。「他體重非常輕，」老先生的眉頭皺起來，「但他什麼都不能吃，只能喝母奶。」當時的法國還沒有社會保險制度，就醫的費用十分高昂。心焦的皮耶與夫人，抱著孩子四處求醫，幾乎花光了家中積蓄。

## 主動向雷諾汽車謀職，效命近四分之一世紀

山不轉路轉，出身富貴的皮耶，也許因爲戰時那五年離開家族庇蔭的磨鍊，也許受惠於他本身的堅毅性格，在爲了襁褓中的兒子一擲千金之後，他不再執著於原本的夢想，轉而尋求其他養家活口的可能。

當時一些大型企業開始提供員工保險，皮耶對此需求孔急，於是他主動寫信給雷諾汽車公司，表達求職意願。

雷諾方面收了皮耶的信，旋即請他去面試，然而對方所能支付的薪資卻只有皮耶原本收入的五分之一，皮耶當然不能點頭。後來經過經理特別向高層說

明情由，錄用薪資調漲至七萬法郎，皮耶這才踏進雷諾。

這家世界知名的汽車公司，自此成為皮耶一生事業的轉捩點。梅尼爾家族的少東，從電影院老闆轉戰更複雜深奧的商場。為了妻小，皮耶放下富貴身段，在新東家力求表現。老先生提起這一段，口氣中仍有對當年那份知遇之恩的由衷感謝。

「進入雷諾半年之後，經理便升任我為負責大客戶的專員。」皮耶說。戰後經濟逐漸起飛，對的時間點讓皮耶的運氣如有神助，大客戶接連下單，行銷有功的皮耶遂一躍而成地區經理。

## 老東家知人善任，高酬惜才

皮耶這地區經理一做便是十年，接著獲雷諾總裁賞識，拔擢為公關經理。在此職位上，皮耶又再堅守了十二年，盡展所長，直至退休。

他感念的說，自己這一生的財富，絕大多數都是在雷諾任職時所累積的。「雷諾對我非常厚愛。」皮耶說。自他被任命為地區經理，公司便將過去他領七萬法郎那段時間的薪資，全部加成三十萬法郎補發給他。

「所以你說，我怎能不感激雷諾的賞識呢！」

講到此，他笑談起一段往事。當年任公關經理時，曾有一回安排法國總統與雷諾總裁連袂搭乘西伯利亞火車，預期一趟富含異國情調的火車之旅。法國人習慣帶另一半出席應酬，爲了禮節，皮耶特意也請了總統夫人。殊不知總統與夫人之間感情交惡，「當時，總統一知道他老婆也在車上，立刻非常激動的對我說：『把這個女人帶開！我不要看到她！』」

## 妻子是此生唯一的愛

迥異於一國元首與另一半的貌合神離，皮耶與妻子的綿綿至情，卻是從年少展延至兩鬢霜白。他們結褵至今，已逾七十載，皮耶仍說：

「我與我太太，就像是一顆蘋果，切成兩半。」

這位法國老先生的意思是：兩人都只能是對方的另一半，若配的是別人，就不是個完整無缺的蘋果；就不對了！

「我根本無法想像跟別的女人在一起！」皮耶說。

猶記得兩年前初次見到皮耶老先生，我們便對法國男人向來的多情浪漫多所揣測，曾經半開玩笑的詢問：

「您有過外遇嗎？」

老先生回答我們，一秒都不見遲疑：

「沒有。我太太是我這一生唯一的女人！」

當下眾人莞爾，心裡卻不置可否的想：一個又高又帥又有錢的法國男人，堅稱他只愛一個女人，怎麼可能？

而今有幸深談，聽聞了他們的故事；看見了皮耶皺紋中鐫刻的深情，這才知道，這位九十二歲法國老先生當年所言，全是眞的！

皮耶說，太太是非常傳統的女性，從嫁給他開始，就成爲他無可或缺的另一半。對皮耶而言，從沒有「找不到老婆」這種事，無論他在外面再忙再累，只要一想到溫暖的家、想到那個將家中一切打理得完美妥貼的妻子，便覺幸福。

我忍不住問，您的工作光鮮亮眼，又常到處出差旅行，接觸異性的機會想必比比皆是，究竟怎麼保持對婚姻的忠誠呢？

皮耶說，自己個性公私分明。職場上遇過四、五次異性主動示好的經歷，但他總以「我已經有妻子了」爲由，從不予以回應。

講到這裡，老先生促狹的一笑，加了一句：

「不過啊，我的一個兒子，還眞是處處留情的人呢！」

皮耶先生與他的夫人。兩人患難與共、鶼鰈情深。

## 視拿破崙為偶像，老來靠旅行圓夢

二戰時因逃難而相遇相愛的兩人，戰後結褵、成家育子，鶼鰈情深不減反增。皮耶說，與妻子感情越老越甜。他熱愛旅行，太太從不缺席，夫妻倆足跡幾乎踏遍世界。

尤其特別的是，因爲自小崇拜拿破崙，認定其人是使法國重返秩序與榮耀的英雄；皮耶退休後，便偕同愛妻，花了一年的時間，將拿破崙大軍曾去過的城市，全走了一遍。

「我的家中，有很多拿破崙的文物呢！」皮耶說，看來頗爲驕傲。

我們聽著，先是覺得佩服。然後我轉念一想，如此不落俗套、甚至可說是「浪漫」的致敬方式，某程度是否也代表了：在皮耶俊帥高大的法國外表下，真的住了一個對愛執著、對理想從一而終的純真靈魂！

皮耶至今已搭乘過八十一次郵輪、環遊世界三次。年紀越大，他越覺得「想做的事，不要有遺憾」。

## 盡全力活在當下，不留遺憾

二〇〇〇年時，皮耶的妻子患了阿茲海默症。這對相愛至深的兩人而言，不啻是晴天霹靂！但堅強的皮耶並未就此向命運低頭。在另一半剛患病的前幾年，他全靠自己照料，甚且仍然帶著太太出門旅行。

「可是到了後來，她的病情越來越難控制，最糟時還會有暴力行為，我再也沒辦法帶著她徜徉世界……」

某天早晨，家庭醫師打電話給皮耶，察覺他聲音有異，敏感細心的醫師立刻想到是夫人的情況不佳，便要皮耶次日帶妻子就診。

經過醫師詳細的諮商後，判定皮耶夫人必須住進有專門醫護的療養院，這等於告訴皮耶，兩人再也不能同住一個屋簷下了。

「夫人已經多少年不能陪您旅遊了？」我問。

「九年。」老先生答，神情無比落寞。

我想像他們兩人的情感，超過一甲子的相攜相伴，就像皮耶說的：「兩個人就像一個人。」情深

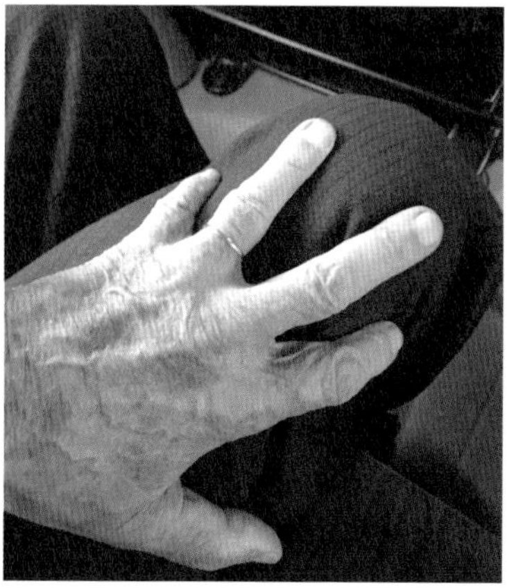

皮耶先生手上的婚戒終身未取下，至今幾乎已深深陷入皮膚，成為他的一部分了。

若此，情何以堪？

「我這一生，所有重大的事情都會和她一起決定。」皮耶說，「常常我還沒開口，她就已經知道我要說什麼了！」

妻子尚未生病前，皮耶常與她一起計畫那種「主題式」的旅行，「比如二次大戰時，盟軍與敵軍交戰之處，我們也都去過了呢。」皮耶說。因爲美好的過往，而露出了令人心折的微笑。

## 病痛無法摧折心靈，人生還在往前行

妻子受苦於阿茲海默症，皮耶自己的身體也正與病痛共處。高齡九十二歲，骨髓癌讓他走路吃力，然而他堅持像個常人一樣的活著。他開車、旅行、品酒、看世界，每一分鐘都在珍惜。

除非出外旅行，否則每天早上，皮耶都會開半小時的車，到療養院看望妻子，吃完午餐再離開。週三，皮耶則會帶太太外出用午膳。「如果她狀況好，我們就會一起用餐。」皮耶說：「但要是她又發作，就只好再送她回房。」

眼看心愛的人受苦必定心痛難當。皮耶悠長的嘆口氣，說出了他的苦澀：

「每當我太太發作時，見到她像小動物般嚎叫，我就會告訴自己：這不是她；是她的病將她變成如此。」皮耶甚至坦承，當愛妻受苦嚎叫、掙扎，自己也曾想過：「如果她安安靜靜的長眠，是否會好些？」但每每須臾之間便又轉念，覺得無論如何，相伴還是一條最好的路。

儘管療養院的費用大部分由法國政府給付，但不足的部分仍須自費。皮耶說，這幾年下來也已付出將近六十萬歐元……

「如果能用這筆錢，帶我太太出國去玩，該有多好啊！」

## 經濟無虞，不為兒孫愁煩

皮耶擁有一座十八個房間的莊園，退休前他的高收入及投資理財，讓他的財富始終穩當。他與夫人膝下共育有四名子女，也早有了各自的家庭。本來一幅兒孫滿堂、天倫齊享的美景，卻只聽聞皮耶一句：

「我與妻子早已決定，只有兩人都過世後，才讓子女分家產。我們兩人在世時，要把現金花光。剩下的家產他們要怎麼分，就不關我的事了！」

自此，天倫夢碎！

他完全不諱言與子女間的嫌隙失和；更不諱言這是老來他最大的失落。

「媳婦女婿因爲害怕要照顧我的妻子，全都躲得遠遠的，」老人嘆氣，「連帶我的兒女也受影響，從四年前開始，已不相往來了。」

我想起兩年前初次見到皮耶時，那在羅斯柯特古堡酒店用餐的孤獨身影。人生的堅強，爲什麼總要來自悲傷呢？

## 家僕三人，寂寞的莊園主人

皮耶的家，是一座莊園，共有十八間房間。家中聘僱兩位女傭、一位園丁，都是做了很久的老人。妻子被送入療養院後，偌大的家園，對隻身守候的皮耶來說，不知是否充斥著太多美好的回憶？那必定是折磨人的。時間在思念中流逝：思念妻子，也思念兒女……

所以，儘管年事已高，儘管病痛纏身，皮耶仍然堅持旅行。

「一個人住在里昂的莊園裡，太孤單了。」他說。

皮耶對旅行的熱愛其來有自：從事巧克力事業的梅尼爾家族，需要到處採購可可豆，南美的尼加拉瓜便是他們的主要採購地區。皮耶說，從祖父到父親，都是旅行愛好者。他自小耳濡目染，更是熱愛旅行。後來他任職雷諾汽車，因爲擔任公關經理，理所當然需要到處走訪。旅行之於皮耶，恐怕早已是人生要素了。

那麼，去過世界各地，最喜歡哪裡？

「香港。」這答案讓我們始料未及。皮耶的理由很簡單：「因爲香港是亞洲的貿易中心。」此外還有智利的瓦爾帕萊索（Valparaiso）港口，該港乃巴拿馬運河開通之前，船隻停靠的地方。

想來，是皮耶的商賈靈魂，讓他對身居交通貿易樞紐的繁華盛景情有獨鍾罷。

而遊遍大山大水，讓皮耶最動心的國家，是以色列。

他心心念念，二十幾年來幾乎年年造訪。「大概已經有三、四十次了。」皮耶說，以色列有許多會講法文的人，容易交到朋友。天候也乾燥，適合他的喜好。以前他與妻子去當地旅行，總會投宿於一家居家式的小酒店。

想必，又有許多美好回憶。

而今，他在以色列有幾個多年好友，皮耶仍然年年去當地小住。

## 在生命的缺憾處，尋找希望

皮耶雖然已經九十二歲，但雙眼仍然透著光采。他拄著拐杖，一步步堅定的往前走。人生的美善抑或醜惡，他都一貫用正面的態度面對。他的勇氣、執著，還有對生命的尊重，讓他的生活好豐盈、好精采！我聽著他的故事，仰望他的身影像仰望一株遒健的大樹。

問他長壽的祕訣，老先生調皮，先是指指上面的老天，再指指他眼前冒著

92歲的皮耶先生，整個人都散發著貴族氣質，雙眼仍充滿光采。

氣泡的香檳，盡在不言中的笑了。

皮耶・梅尼爾先生，Monsieur Pierre Menier，謝謝您，讓我有幸見識如此堅毅、美好的人生風景。

## 後記——

二〇一五年深秋，皮耶接受我的邀請，在我的巴黎友人孫先生的陪同下，來到臺灣一遊。

他們抵臺的那天，因為時間太早，好友陶嘉美小姐知道我心上掛著事容易失眠，非常體貼的自告奮勇代替我去桃園機場接機。我則直接在他們下榻的君悅飯店門口等候。

十天的時間，九十二歲的老先生始終神采奕奕。胃口極好，帶他嚐什麼都興致盎然，頻頻稱讚美味。與他一起用餐，心情不好也難！

藉由此番在臺灣當東道主的機會，對皮耶先生平日的飲食習慣有了更清楚的了解。比如他不吃海魚、不吃海帶（因為對碘過敏）；酒類只飲香檳。

花蓮壯闊的山水，連已遍遊世界的皮耶先生也為之讚嘆。

為了款待這遠道而來的稀客，事前我找了三兩好友，都是曾與我一起在國外遍遊大山大海的旅伴；她們幾乎都在見到皮耶先生的第一眼便喜歡上他。圍著老先生說話、拍照，尤其好友美珍，因為自己有個八十多歲的父親，所以感覺與皮耶老先生特別親近，到哪都推著他的輪椅上上下下。也多虧了孫曉東先生，隨時隨地為我們翻譯，讓原本不通的語言沒了隔閡。

我們遊歷了花東、天祥、清水斷崖……也去了故宮、迪化街、紫藤廬……走訪了陽明山、三芝……甚至看了京劇、吃了烤鴨……只希望美麗的臺灣景致與風土人情，盡入法國老先生眼底心中。

我尤其難忘，往天祥的路上，車窗外鬼斧神工的壯麗景色，就連已遍遊世界的法國貴賓也連連驚嘆。這讓我突生感觸，忍不住向皮耶先生提問：

「您的人生中，一定曾遇到很大的難關，您是如何度過的？」

老人家聽了我的問題，微笑著給了六字箴言：「冷靜、思考、行動」。對應於他少年逃難、情感歸依，到晚年勇敢面對己身與妻子的病痛，似乎真是奉行不輟啊。

皮耶先生在臺灣的最後一夜，我將餞別宴設在自己家中，除了數日來作陪的好友們，還請來老友孫越夫婦，真的是賓主盡歡，大家共度了一個非常美好的夜晚。只是離情難免依依，尤其當皮耶先生給我們每個人溫暖的法式擁抱與親吻臉頰的禮儀時，更能感受那種分別在即的惆悵。

然而美好的緣分仍在繼續，正因臺灣之行圓滿快樂，去年即將度過九十三歲生日的皮耶老先生，對我們提出邀約，期待眾人到法國參加他的生日宴呢！

結果如何？請容我套句流行語：

「就讓我們繼續看下去！」

# 再續古堡慶生緣

誰能料到，當五月的紫藤花瀑布一般墜瀉法國鄉間，竟連同這咫尺天涯的忘年友情，也一路美麗的迤邐到今天！

爲了參加皮耶先生在法國舉行的九十三歲壽宴，行前我對該穿什麼赴會，頗是傷了一番腦筋。

四月底的臺北，氣候仍有些微涼。在面對「優雅抑或喜氣？」的兩難抉擇中，我停下揀選衣飾的手，不禁悠然想起：兩年前法國羅斯柯特古堡的邂逅，本以爲只是旅程中一段巧遇。誰能料到，當五月的紫藤花瀑布一般墜瀉法國鄉間，竟連同這咫尺天涯的忘年友情，也一路美麗的迤邐到今天！

迤邐至今忘年情

二〇一五年十月，皮耶先生應我的邀約來臺旅遊，好友美珍、紅麗與慧芬，全都被老先生儒雅溫文的風采吸引，不但悉心陪伴，還早早便與皮耶先生約定：

「您明年的生日，我們都會去！」

超越種族、年齡、性別，甚至千山萬水的這份跨國情誼，讓我與受邀參加壽宴的其他好友們，對於宴會中的一切萬分期待。

想來正是受了這份期待影響，讓我在飛機上完全沒有睡意，出奇的興高采烈，竟一連看了四部電影。

不知皮耶先生，究竟會爲我們預備如何一個夜晚呢？

巴黎友人孫曉東先生事先向我透露，皮耶先生爲使賓客盡興，設計了好幾種慶祝方式，其一便是讓大家待在巴黎，晚宴則在巴黎鐵塔上吃……

然而對我們來說，若眞要看巴黎美景，置身鐵塔外，怎麼說都比在鐵塔裡要美得多。遑論更重要的是，老先生的安全問題。皮耶先生畢竟已經九十三歲，離開熟悉的環境，夜裡又必須吃安眠藥入睡，半夜裡如廁等等都不免危險；思量再三，還是請他不要特意移師巴黎，我們又不畏舟車勞頓，怎麼說都應該由我們這些賀客登門，到皮耶先生向來熟悉的古堡酒店替他送上生日祝福，才是對的。

再說，爲了這場難得的壽宴，我還擅自作主，特地爲壽星請了一位「神祕嘉賓」呢——

## 神祕嘉賓現身！

二〇一五年皮耶先生來臺遊覽時，適逢我的新書《回家》出版，加之以書中本就有一篇述及與皮耶先生的邂逅經過。機會難得，遂誠邀他出席新書發表會，皮耶先生因此認識了當天也賞光蒞臨的王效蘭女士。

王女士原爲大眾熟知的身分是《民生報》發行人，現則爲法國名牌浪凡（LANVIN）總裁。法語流利的她，自是與皮耶先生一見如故、相談甚歡。對遠道來臺的法國紳士而言，能在臺北見著這麼一位學養豐富、又操著一口道地

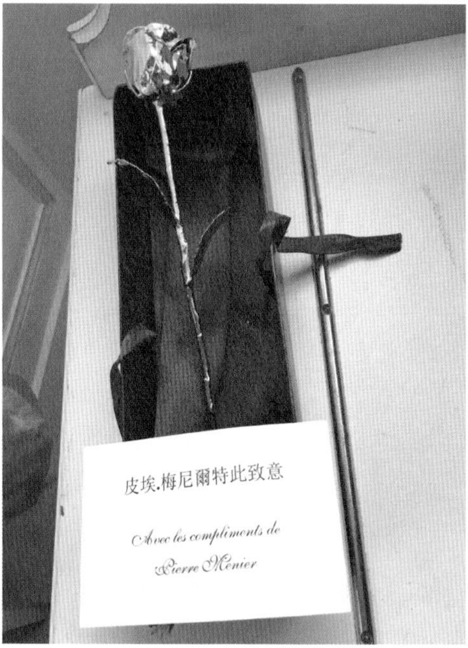
皮埃.梅尼爾特此致意
Avec les compliments de
Pierre Menier

我與王女士都收到的金色玫瑰贈禮。

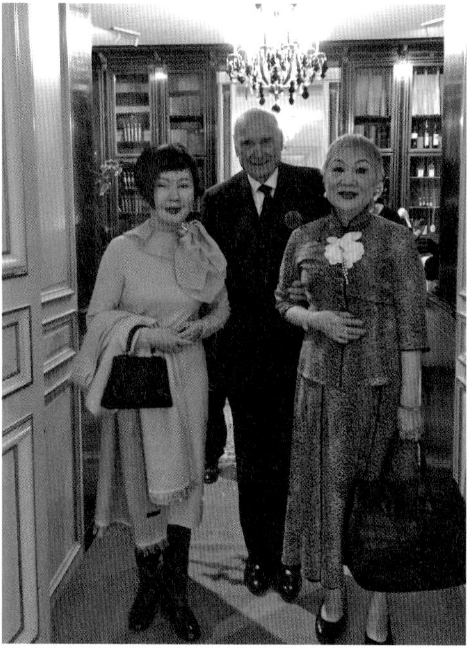

神祕嘉賓王效蘭女士的到訪，令皮耶先生大為驚喜。

法語的東方女士，不難想像他有多歡喜。

皮耶先生向王效蘭女士提出生日宴的邀請，當時王女士因爲公務繁忙而婉拒；後來當她私下知會我會參加時，我們便請已知情的孫先生務必保守祕密，就是爲了給壽星最意想不到的生日驚喜。

果然，當這位神祕嘉賓既優雅美麗又帥氣的現身，壽星的驚喜之情全寫在臉上，藏也藏不住。

我們一行人搭乘九人巴士，在皮耶先生生日前一天下午四點多，抵達羅斯柯特古堡飯店。大家相見那一刻，眞的非常開心，皮耶先生給我們每個人都來個法式的貼臉擁抱，王效蘭女士更是一見到壽星便口若懸河的以一大串法文致意。被愛包圍的幸福感覺讓老先生整個人容光煥發！

更棒的是，我與王女士都收到了一朵金色玫瑰作爲歡迎禮。

古堡院落中那棵大樹，白日與黑夜的感覺非常迥異。在藍天的襯映下，它鬱鬱蔥蔥、綠葉亭亭如蓋，雄壯華麗。到了夜裡，當黑幕垂降，綠葉爲夜色遮掩吞噬，它又像只剩峥嶸的枝幹，巍峨的伸向天際！再見此樹，數年前初臨此地的回憶，便又清晰如昨的湧向心頭。

庭院裡其他修整得四四方方的樹籬，與白色的屋宇互相彰顯彼此的優雅，則是讓古堡飯店充滿著百分之百的法式風情。

## 贈禮之夜，賓主盡歡

當天晚餐前，大家群聚於咖啡室，爲的是先送生日禮物；那又是一個充滿歡聲笑語的溫馨場景。

王發行人爲壽星準備的禮物是兩件浪凡的薄毛衣，還有一枚領結。我因爲注意到皮耶先生有戴帽的習慣，所以送的是薄毛料的紳士帽與一副手套。美珍送了一朵三宅一生的胸花，這朵花眞是完全擄獲老先生的心，次日晚間的宴會上，只見皮耶先生從開始配戴到結束，無一刻取下。慧芬也送了一枚領結。紅麗的禮物最特別，她送的是一支自己做的茶壺。

皮耶先生非常開心，他一一穿戴或拿著我們送的禮物拍照，珍視之情溢於言表。臉上的笑容誠摯又可愛，面對大家的鏡頭毫不推卻也毫不扭捏：一會兒舉起戴著手套的雙手、一會兒捧著漂亮的毛衣、戴著美麗的胸花……一張又一張，拍著拍著，時光彷彿往回走，九十三歲的壽星竟顯得越來越年輕。

在生日宴前一天送禮，我覺得對主、客雙方來說，都不失爲一處貼心的安排。因爲生日宴並非在羅斯柯特古堡舉行，大家就不必在穿著盛裝的情況下，還得各自提著大包小包的禮物，豈不輕鬆許多？

說到貼心，次日的生日宴上，高齡九十三歲的壽星更是讓我們見識了何謂處處巧思、鉅細靡遺。連我這向來善於安排聚會事宜的人，都不禁在心中驚嘆連連、佩服不已呢！

# 此生難忘的心靈饗宴

為了招待我們，從不曾在晚上六點後開放的雪濃梭古堡，燈火通明，熠熠光芒照亮了巍峨的建築，典雅堂皇。

次日（五月八日），是此行眞正的大日子：皮耶先生九十三歲的生日。下午四點，所有賓客約二十餘人，齊聚羅斯柯特古堡飯店附設的小教堂。因爲皮耶先生是天主教徒，是以安排於晚宴前，在此做彌撒。

我本來滿心期待的紫藤花，在這初夏時節雖沒有盛放，但花況已比前一年五月我來此訪問皮耶先生時，稍微好些；剩下未謝的三株，因爲樹大枝粗，花開得很滿，豐豐實實的垂墜著，仍然有讓人感動的美麗，尤其襯著古堡的一磚一瓦，更顯優雅。而且轉念想想：原本毫無關連、全然陌生的異鄉人，能結下彼此珍視的友誼；時至今日，大家能在此相聚與歡慶……這麼美麗的邂逅，早已超越了外在景物所能給予的感官愉悅，而是眞正的心靈饗宴了！

## 感動，難以抗拒

彌撒，在祥和的氛圍中進行——

經過多年「自我訓練」，我早已練就不輕易落淚的本事。其實原本的理由很膚淺，只是因爲我有畫眼線的習慣，哭了就怕把妝弄花，出門在外總不忘提醒自己：別哭！久而久之便養成了難得掉淚的功夫。然而未料，竟在這場彌撒中破功……

隨著〈聖母頌〉莊嚴的樂音，我的情感堤防不知爲什麼崩塌了！擋也擋不住，只得任性的宣洩，簡直一把鼻涕一把眼淚，糗的是，旁邊還是個不認識的外國人！但我有什麼辦法？

在羅斯柯特古堡飯店的小教堂裡，我因太過感動而眼淚潰堤。

那一刻，只覺得心中充滿感恩，因為上天的恩賜，讓我碰到不同的人、事，才有了那麼多那麼美的邂逅。莊嚴神聖的樂音中，只覺得離上帝更近了！我雖然在哭，內心卻是無比喜悅。那種感動，如何抗拒！

## 夜晚的雪濃梭古堡，為我們點亮

做完彌撒，我們帶上晚宴服飾，輕裝便鞋，分乘七部車，朝雪濃梭古堡出發。

我想，我永遠忘不了那一夜！

為了招待我們，從不曾在晚上六點後開放的雪濃梭古堡，燈火通明，熠熠光芒照亮了巍峨的建築，典雅堂皇。七部車長驅直入，像極了電影場景。猶不止此，當我們一下車，現場的樂隊便開始演奏，手風琴與小提琴手都穿著正式的禮服，繫著黑領結，樂聲悠揚。好似皇宮貴族那般奢華尊貴的氛圍，在美麗的暮色中漫湧上來，包圍了眾人。

我身穿大紅色的中國式上衣，短襬、水袖、襯衫領。據孫先生轉告，皮耶

美麗的雪濃梭古堡前與王效蘭女士合影。

先生對這曾見過一次且充滿東方感的衣服十分喜歡，於是此番在他生日當天的白日，我特意以中式裝扮爲他祝壽。其實我這衣服已經三十年了，每隔一段時間就會再動腦筋修改一下，換張新臉。沒想到古典的加乘效果意外的好，大紅喜氣的中式古典，與色調沉濳的法國古堡，竟非常契合。幾張相片中的我，都有著明亮幸福的氣色！

## 女人城堡傳奇

矗立於法國羅亞爾河流域的雪濃梭古堡，原已有著顯赫的「家世背景」，前情繁複，在此略過不提。西元一五四七年，法王亨利二世即位，便將此堡送給大他二十歲的情婦黛安娜（黛安娜爲雪堡的第二任女主人，第一任女主人是法王查理八世的稅務大臣湯瑪斯之妻，其夫購入古堡後，便是由她負責重建規畫與監工）。

黛安娜原爲亨利二世的保母，曾教導他宮廷禮儀。有關兩人之間精采的情史，因爲雪濃梭古堡的添色，更使世人傳頌不歇。

「浮在空氣與水之上」、充滿傳奇故事的雪濃梭古堡。

至於深宮裡那位皇后凱瑟琳，明知丈夫不愛自己，卻仍爲他生育了十個小孩。後來亨利二世駕崩，皇后立刻展現權勢，逼迫黛安娜交出古堡。據悉她大興土木，並將堡內情婦的畫像全部換成自己的，似乎隱忍多年的妒恨與委屈，藉由清除對方留下的記憶之痕，一併宣洩！

此後，古堡陸續在女性手中易主，歲月悠悠，前後總共竟換過六位女主人。緣於此，雪濃梭古堡在世人眼中，始終是座集浪漫與情愛爭鬥於一身的傳奇建築，甚至有個「女人城堡」的別名。

一九一三年，梅尼爾家族買下雪濃梭古堡，從此成爲古堡擁有者，直到今天，竟也已超過一百年！

有一半築建於水上的雪濃梭堡，融合哥德式與文藝復興風格，法國文豪福婁拜曾形容：「浮在空氣與水之上」。古堡白日開放參觀，一直深受遊客喜愛。據悉，在法國多不勝數的皇室建築中，雪濃梭古堡受歡迎的程度，僅次於凡爾賽宮。

妙的是，我向來便對古典的宮廷畫興趣缺缺，至於國王住哪皇后住哪、哪張床是哪位皇室成員睡的，儘管它再怎麼金碧輝煌、幃幔重重，我仍然無意深

古堡廚房裡的廚具、鍋具，最能吸引我細細觀察。

究。

唯獨吸引我細細觀察，讓我拍了最多照片，最是興味盎然的，是古堡中的廚房！

張羅大大小小王公貴族的每日飲食，該會是多麼龐雜瑣碎的工程？如今看到那懸掛著一只只古銅色鍋具的廚房，遙想當年嘰嘰喳喳操著法語的僕役與廚娘們，忙進忙出的身影，時光彷彿更容易跌回從前，煞是有趣！

## 體貼安排，成就完美晚宴

參觀完畢，眾人裝扮去也。

不得不佩服皮耶先生的深思熟慮，

高齡九十三歲的壽星，行事依然體貼謹慎。考量到賓客們要先參觀古堡，怕穿著正式服裝難免（尤其是女士們）諸多不便，所以很貼心的讓我們先將衣飾寄放在衣帽間，如此到了晚宴時分，才能以最美好且適情適景的衣妝亮相。

我穿的是一件長及腳踝的白洋裝，飾品則以成串的假珍珠項鍊爲點綴。好友們一個比一個漂亮、如花似玉。王效蘭女士更是帥氣與美麗優雅兼具。

只見餐桌上設置著美麗的燭臺，點著高高長長的蠟燭，充滿著法式優雅。我們青天白日滿地紅的小國旗與紅藍白三色的法國國旗穿插並列著。賓客們陸續入座，皮耶先生的左手邊是王女士，右手邊是我。美珍英文流利，所以特別將賓客中會講英語的法國人士安排於她鄰座。我們每人眼前皆有名牌，外側印的是法文，向著我們的那一面則是中文；此外，每位女士面前，都有一朵清麗的白玫瑰；每一處細膩感性的安排，都足見主人的用心。

皮耶先生首先致詞。那長串優雅睿智的法文，我們是如何聽懂的呢？行事周慮的壽星已替賓客們考慮到了，竟已事先請孫曉東先生翻譯了中文譯稿，這不是完美是什麼！

皮耶先生的致詞十分誠懇動人，我節錄部分如下：

餐桌的裝飾充滿法式優雅，
還放上了中華民國與法國的國旗。

皮埃.梅尼爾特此致意
Avec les compliments de
Pierre Menier

中法文並列的名牌與給女士的白玫瑰，
在在體現了主人的細膩與用心。

我非常珍貴的朋友黃麗穗女士：

今天在此我感到萬分榮幸，事情看起來雖奇特異常，但它還是如期而至……（中略）

昨天在我們迎接貴賓抵達羅斯柯特古堡飯店時，我無限榮幸的看到尊貴的王夫人（按：此指王效蘭女士），我喜歡稱呼她爲「浪凡夫人」，這樣也許更簡單一點，也請您們原諒。

黃女士與王夫人兩人，帶給我這巨大的驚喜，做得太漂亮了！備感榮幸。尤其您們毫不猶豫的長途飛行十三個小時來此看我，使我這裡蓬華生輝。

我們還是從頭說起吧。

各位已經都知道在我九十歲生日時，我與黃女士在羅斯柯特古堡飯店那童話般奇妙的相遇。兩年前和今天是同一天，就像古代童話家查理貝爾所說的一樣：「從前曾經發生……」

相遇只有短短的一刻鐘，一首生日歌、幾張照片。我曾誠心邀請黃女士和她的朋友們以及我們的翻譯參加那一天我的生日晚宴，遺憾的是她們當天下午就要離開。但是我們的「精神電腦」已經連通，因爲我們都是文學之人。

接下來是兩年的深深沉靜，平靜得好像沒有任何事情發生。去年五月十二日我從以色列度假回來，來到羅斯柯特古堡飯店小住數日。我的朋友巴斯奇一家也在。這天的晚上七點，飯店通知我在蒂諾公爵夫人廳有人等我。（中略）

黃女士特別從臺北來看望我。三天裡，一共九個小時，她和她的女兒採訪了我，因爲她在寫她的下一本書，裡面會寫一個西方貴族的一生。

然後黃女士邀請我去臺北度過了十天，在那裡我受到了尊貴賓客一樣的款待。（中略）

今天我們相聚在這座法國皇家城堡，慶祝我九十三歲的生日。（中略）城堡與我們的歷史息息相關，代表著我們的過去。

在這個奇妙的地方，我榮幸的接待黃女士與浪凡夫人，以及黃女士的朋友們。（中略）

在臺北，您爲我貢獻了十天的時間，讓我留下了無限美好的記憶。今天，事情善始善終，也希望上帝讓我再有和您一起度過九十四歲生日的機會。

今晚，二〇一六年五月八日，讓我們盡情暢快的、隆重的慶祝這個九十三歲生日吧！

事後看照片，在皮耶先生致詞時，我竟一度忘我的托腮聆聽，像個小女孩一般。

爲了此次隆重的晚宴，我早於數週前便已擬妥了簡短的講稿（因爲事前已被告知，須接續於皮耶先生之後，上臺講幾句話）。雖然明知自己歷來的風格，無論在大小場合演講致詞，總是不按牌理出牌的時候居多。講稿再完備，我都有可能脫稿演出。眞要我逐字演繹、照本宣科，我反而容易因爲綁手綁腳而緊張。然而此番盛會畢竟難得，主角又是法國人，我還是有所備案比較安心。講稿準備了，屆時就不易慌亂。

果不其然，在下一上臺，便完全像匹脫韁野馬，對著滿座的法國賓客，大膽照著感覺走，弄得即席翻譯的孫先生好不辛苦。

我說：「人與人之間的緣分實在非常奇妙，但因爲世俗的影響，原本單純的情感都變得複雜不堪。而我們這幾個東方小女子與皮耶先生的情誼，就像上幼稚園一樣，重拾人類最初的愛。只有簡單！而臺灣，雖然在地圖上很小，但若能與我們多接觸，相信在各位的心中，臺灣會越來越大。」

## 這一夜，美如夢境

晚宴正式開始後，樂聲悠揚，小提琴、手風琴，美麗的曲目在燭光與燈光的交相掩映下，一首接一首。當〈玫瑰人生〉的旋律悠然響起，好友美珍竟忍不住掉下眼淚。想來在如許感性的氛圍中，人人都不由得情感豐沛了起來。

這個夜晚，眞的美如夢境。

壽星甚至爲了我這粗枝大葉的賓客，吹了兩次生日蠟燭！

沒料到會發生如此令人啼笑皆非的插曲：當時我只是去個洗手間，萬萬沒想到，回座時竟然已錯過了壽星吹蠟燭的寶貴一刻。據說皮耶先生吹完蠟燭也

夜晚並不開放的雪濃梭古堡，特別為我們點上了燈，給了我們美如夢境的一晚。

回頭尋我，才發現我竟然不在。壽星二話不說，就決定將已吹熄的蠟燭重新點起，再吹一次。

高貴如國宴等級的雪濃梭古堡生日宴上，我們不但享盡美食美酒、溫情笑語；衣香鬢影間，眾賓客還翩翩起舞呢！

其中，孫先生便帶著我跳了一首圓舞曲，當時爲了方便，我還換回了晚宴前的那一套服裝，不是穿高跟鞋，跳起舞來自在得多，但氣氛絲毫不減。照片中呈現出來的，盡是那一刻、那一夜的美好與幸福。許許多多在當下淹沒於杯觥交錯間的心情，後來當我看著照片時，又清晰地浮現在腦海中。樂聲、人情，在靜止的相片裡，更覺溫馨。

皮耶先生兩個月前才剛開過刀，想來身體應是虛弱的。他有一隻手不能抬高，每每才稍微拉高一點，就聽到老先生唉一聲，似乎疼痛難忍。但顯然我們的熱情，多少帶動了老先生的活力，整個晚上他不斷露出可愛的微笑，看得出來他很感動。

## 參觀梅尼爾巧克力工廠

生日宴次日，皮耶先生又陪著我們驅車到巴黎。畢竟太折騰了，老人家吃不消，在車上不太說話，養精蓄銳。直到抵達梅尼爾巧克力工廠，他才又恢復了生氣。

梅尼爾巧克力工廠，西元一八二五年興建，在當時鋼鐵並不常見的物質條件下，卻是第一棟以鋼鐵蓋成的房子。如今已列爲世界文化遺產。門口乍見彷若古代鐘樓，藕色的牆壁、藍色的窗戶，非常美麗。同時，梅尼爾也是第一家生產片狀巧克力的工廠。以梅尼爾爲名的小鎮因它而興旺，因爲帶來了人工的需求。而今此工廠已被雀巢公司買下，所以巧克力包裝上，都印有清楚的「Nestle」字樣，與「Menier」的名稱並列。

我們一行人，被工廠的經理帶著參觀。只見有座很像水車的巨大機器，據悉經過水流以發電，可供應全廠的電力。過去也曾用水車代替馬匹，碾磨巧克力豆。現則順應時代科技，由機器碾磨。

參觀中途，皮耶先生坐上了一部由臺灣進口的電動小車。也許是有車代

雖然梅尼爾巧克力工廠以由雀巢公司買下，
但生產的巧克力包裝上仍印有「Menier」字樣。

彷若古代鐘樓的梅尼爾巧克力工廠大門，非常美麗。（上）
梅尼爾巧克力工廠是當時第一棟以鋼鐵建造的房子，這是建造時的照片。（左下）
巧克力工廠裡的水力發電機設備。（右下）

步，讓他一時間忘記了自身行動的不便，有如小男孩般興奮難耐，只見他頻頻加速、衝得好快，簡直把電動車當法拉利在開。有次甚至差點釀禍！幸虧孫先生在千鈞一髮之際，一把抓住小車，否則後果真是不堪設想。

廠內的經理人員，捧來一幅鑲了框的舊時人物照片，經過孫先生解說翻譯，才知影中人竟是皮耶先生的祖先，特意讓我們比較，看看皮耶先生跟他像不像？

可愛的皮耶先生非常配合，將臉湊近照片，但其實，我們左瞧右賞，還是皮耶先生比較帥啊。

## 離情依依，期待重逢

參觀完巧克力工廠，時間是下午四點多，離別的時刻終於到來。

即便非常疲累，皮耶先生的身姿依

我手中拿的，就是皮耶先生祖先的照片。

舊優雅。我看著他的面容，沒來由地突然哽咽起來。我覺得尷尬，但勉強抬起頭，仍然說不出半句話，只好與皮耶先生輕輕貼貼臉頰，心裡實在難掩依依離情。

這樣一位法國紳士，來自那般榮華富貴的世代與家族，與我們相距大半個地球，本應無緣。如今卻已成爲跨越宏大時空距離、彼此珍惜的朋友。對我而言，皮耶先生的儒雅風度、翩翩神采，活脫脫像是從西方古典小說《咆哮山莊》走出的男主角，尤其是他對妻子的衷心摯愛、對生命的不屈不撓，在在令我折服。

雖然歷盡風霜，人生卻依然美麗優雅；就算過盡千帆，心中卻永遠只有一個女人。他爲她而堅強，因她而歌詠浪漫。這位紳士的故事

與皮耶先生道別時，依依離情令我忍不住哽咽。

我聽聞得越多，對他的尊敬便越是高遠。

不知下次大家再見，會是何時？祈願堅毅的皮耶先生能繼續勇敢的走下去，生日快樂！

## 附錄——

為留下紀念，在此仍收錄我的生日賀詞原文：

中國有句俗語説：「有緣千里來相會」，我想，以此形容我與皮耶先生的緣分，再合適不過了。

三年前的今天，正是我與旅伴們鼓勇認識皮耶先生的日子。我們一群臺灣來的旅人，簇擁在壽星身邊，為他獻唱生日快樂歌。在此之前，我們可是暗中仰慕著皮耶先生的風采，足足三天。先生儒雅溫文的舉止，讓大家止不住的聯想：是貴族後裔？抑或根本就是古堡的主人？直到今天，我仍然慶幸著，三年前伸出了那雙誠摯的友誼之手，否則，千里之情如何開始、又怎可能繼續？

今天，是皮耶先生的大壽大喜之日。我們有幸受邀，專程來此祝賀。先生

的良善、真誠，以及面對生命挫折與試煉的勇氣，實在令我深深折服。在此，

除了祝您「生日快樂」，更要祝您「年年有今日，歲歲有今朝」。

You are my hero !

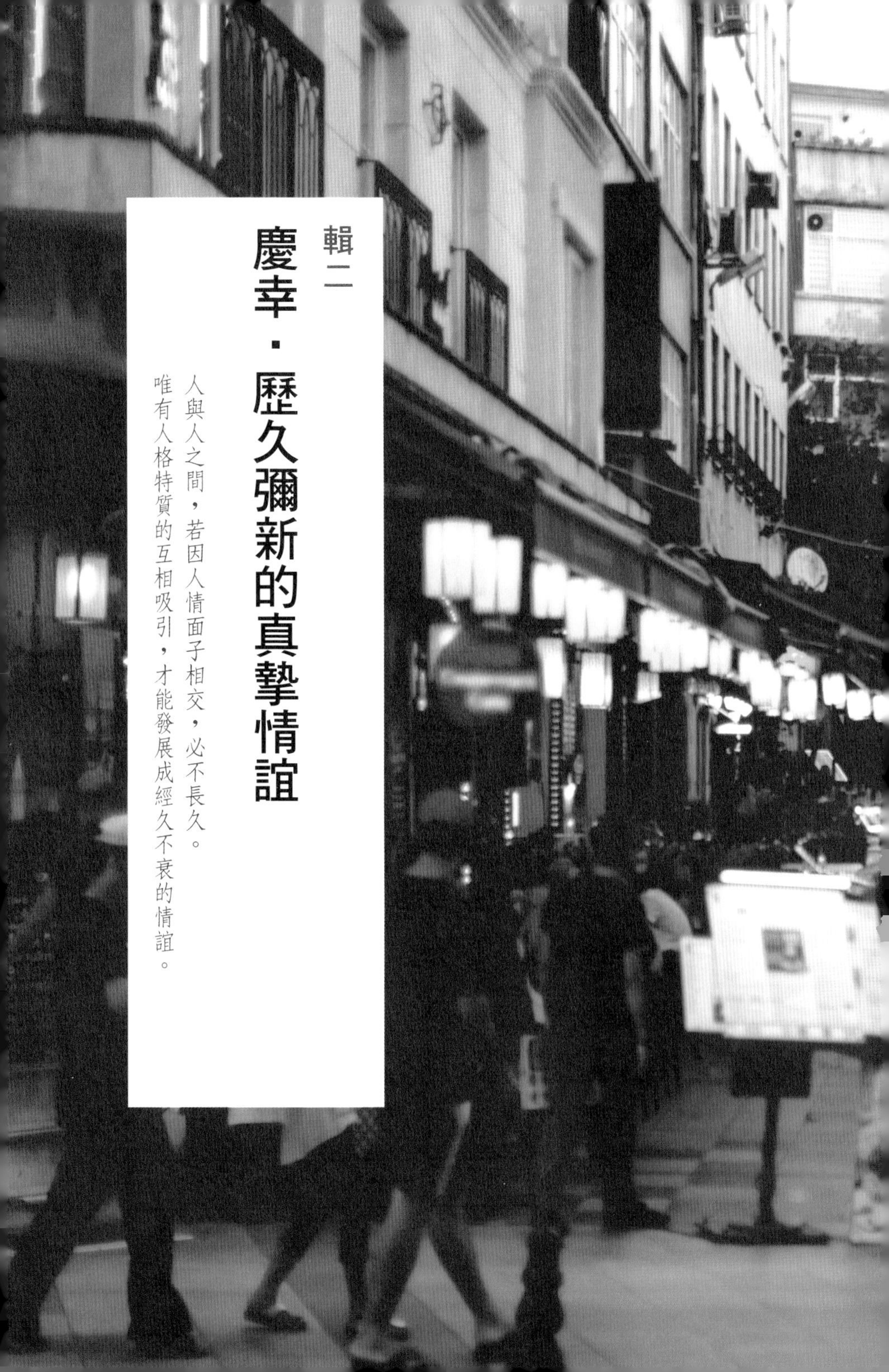

輯二

# 慶幸·歷久彌新的真摯情誼

人與人之間，若因人情面子相交，必不長久。
唯有人格特質的互相吸引，才能發展成經久不衰的情誼。

# 意義非凡巴黎行

巴黎受傷了；而且不只是那些在恐攻後的死傷統計數字，更無形卻也更可怕的是對日常生活的憂懼，以及人心對彼此信任的失去！

二〇一六年春到巴黎，一下機便明顯感覺入境的旅客變少了。本來以爲鐵定大排長龍的隊伍，出乎意料的短。我與朋友們納悶了片刻，突然想通：數月前，巴黎不是才剛發生恐怖攻擊嗎？

這個理由，果然在進入巴黎市區後，得到更明確的證實。馬路上的遊客零零落落，就連往常總是門庭若市的名牌店，也有一目了然的人數落差。過去進入名牌店從未聽聞必須檢查包包，然而現在「檢查隨身物件」卻變成需要各國旅客共體時艱的新規定與要求。一個國際大城市在經過恐怖攻擊的血洗後，儘管外表依然春暖花開、時尚光鮮，但在驟減的人潮裡，隱隱浮動的卻是不安與疑懼。

巴黎受傷了；而且不只是那些在恐攻後的死傷統計數字，更無形卻也更可怕的是對日常生活的憂懼，以及人心對彼此信任的失去！

飛行途中我完全沒睡，抵達巴黎後，當亢奮逐漸退去，隨之而來的是因爲睡眠不足造成的頭重腳輕。這樣的我自然無法造訪心儀的博物館，只得隨好姊妹們血拼去。「爲三天後的雪濃梭古堡之宴挑選禮服與高跟鞋」，似乎不失爲在巴黎購物的好理由。

我們隨意走逛，陰影未盡退散的巴黎，更讓人體會平安相聚的幸福。下午四點多，購物之旅告一段落。大家開開心心的買了一大堆麵包、可頌，回飯店享用。我們的房間彼此是有室內門可以相通的，香軟可口的麵包加上房內原有的水果，邊吃邊聊，這樣的晚餐分外有種愜意輕鬆。

## 名牌店面「朝聖」去

次日，我們去拉丁區愛馬仕（Hermès）最新的店面「朝聖」。自該店開幕後，已多次聽聞其特別與引人之處，當日一見，果眞名不虛傳。

這間愛馬仕，就算不買任何東西，也値得當成藝術館，參觀遊賞。

該店的前身是座游泳池。換言之，從游泳池改建變身的名牌賣場，話題性已然十分吸引人，更何況建置得相當成功：原本是平面，進入後便有階梯凹入，但因四周有質感極佳的木頭，緩和視覺，所以絲毫不覺突兀。不知是否因爲店內不俗的氛圍蠱惑了顧客，在此處朋友與我都忍不住買了絲巾，只是我買的是男款，比之一般經典款更大些。

店內精心布置著樹皮與青苔，一旁便是最新款的服飾，兩者間竟毫無違和感。走著逛著，「唉，眞不愧是法國的設計師啊！」這樣的嘆服不只一次出現在心中。

有件很特別的精品，是設計師利用零碼的皮拼製做成的珠寶箱，價格不斐。但反正看看逛逛又不用錢，能藉此見識一下法式藝術，也不失爲旅行中的自我教育。

他們還甚具巧思的以植物布置出一個甬道，再以鏡面反映，製造景深。乍看滿腹疑惑，暗忖那些植物怎麼長得一模一樣？後來細瞧，方才看出其中奧

由游泳池改建變身的名牌賣場，精心的規畫與布置宛如一座藝術館。

妙。心中再次爲美好的設計鼓掌。

出得店外，隔壁有賣卸妝棉的，據說小嬰兒的屁屁也能使用，棉質特別純淨舒軟，於是我一口氣買了三包。

另一名牌路易・威登（Louis Vuitton）的博物館，亦讓我們大爲驚豔。外圍有個大花園，花草植物帶來生氣盎然的平衡效果；花園中甚至有小火車可供乘坐。建築物本身是玻璃與鋼鐵建造，饒富色彩的大面積玻璃用一種微妙的弧度展現，讓建物少了冰冷堅硬，多了份柔軟生動。來到頂樓室外拍照，穿著洋裝的我搭配遮陽帽。五月的法國驕陽豔而不烈，好天氣最讓心情飛揚，我一時興起，作勢擺了幾個搔首弄姿的 pose，想不到朋友美珍的快門抓得準又緊，全被拍下了。照片後來洗出來，我自嘲的笑說：「好像在學瑪麗蓮・夢露！」心裡其實頗喜歡那幾張東施效顰的照片。旅程當下的美好，表情便是最直接的證明。

我的那件灰底深紫條紋長洋裝，其實購自網路，價格十分便宜。只是，我用心搭配了款式花色相襯的藍色寬沿遮陽帽，再配上自己「設計」的項鍊：先在頸項上繫一條藍色絲巾，再將藍色珠鍊繫於絲巾外。這一身我自認非常低調

路易・威登博物館以色彩豐富的玻璃，打造出弧度微妙的外觀造型。

在路易・威登博物館外的花園享受豔而不烈的五月驕陽，令人心情飛揚。

的裝扮，最令我自豪處還不只如此，而是手上提的包包……在下提了一只帆布袋；它眞的好用又耐髒。

我老實向朋友供稱，身處治安堪慮的歐洲，眞的很怕被搶！凡事自當謹愼爲妙。好友們笑我：「問題是妳不管穿什麼看起來還是很難低調啊！」

## 令人一再驚豔的美食體驗

逛街賞美景不亦樂乎，美食的饗宴我們也沒錯過。皮耶先生生日宴的前三天，未赴羅斯柯特古堡飯店之前，我們在巴黎分別吃了寮國菜、西班牙料理，以及義大利餐；委實是各有千秋，難分軒輊。欲罷不能的是，當後來結束慶生行程，與皮耶先生互道珍重後，我們驅車一個多小時，在孫先生的極力推薦下，又去吃了最有名的西班牙伊比利豬火腿。

既鬆又脆的麵包，盛裝在木盒的其中一格中，另一格則放置著沾醬碗。帶著誘人豔橘色澤的沾醬，令我大爲驚豔，絕非等閒之輩。除了番茄、橄欖油，想來這美味無比的沾醬一定還有其他祕傳配方，酥脆鬆軟的麵包沾上一口，便如錦上添花一般，回味無窮。

吃了麵包，對於沾醬的驚喜還未及消化，緊接著是前所未有的體驗！

日常飲食，我絕不吃蒜，親友甚至讀者們眾所皆知。然而在這家西班牙餐廳裡，孫先生鼓起如簧之舌，不斷慫恿我：

「老師，您一定要試試他們的蒜頭，保證一點蒜味都沒有。」

盛裝著蒜頭的小碗，就擱置在主角伊比利火腿的旁邊。每一顆已去皮的蒜頭都小小的，白嫩光滑，裝在透明容器裡，很是精巧。起初我不敢嘗試，心想過去也曾有好幾次，朋友們力薦各種「沒有蒜味」的大蒜，結果從無一回成功，只因但凡別人覺得沒有蒜味的，到了我這對蒜味異常敏感的人面前，往往還是異常清晰、退避三舍。然而拗不過孫先生的誠意，我有點怕怕的叉起一顆送進嘴裡……

咦？不可能！這蒜頭到底被人動了什麼「手腳」？眞的沒有丁點蒜味呢！反而帶著浸泡過醋汁的香脆爽口，好好吃！我一嚐之下，大喜過望，於是連吃了好幾顆。

這下子，某程度來說也算破了戒啦！我簡直像發送「號外」一樣，迫不及待的昭告「海內外諸親友」：

黃麗穗吃蒜頭啦！

## 發光的火腿？

一旁的瓷盤上，那用極爲特殊的擺盤方式呈現的伊比利火腿，正發出美麗的紅光，誘人享用……

爲什麼會發光呢？原來，切成薄片的火腿，一片疊著一片，在瓷盤上堆成一座小山，中間留著一個缺口。缺口中竟然別出心裁的點著蠟燭，經過火光的映照，火腿透出晶瑩剔透的豔紅，完完全全的「秀色可餐」啊！更別說吃進嘴裡的口感了，細細咀嚼，每一口都是幸福與滿足。

頂級火腿就像紅酒一樣，也看年份。有分五年、七年、十年，越久越香，而豬隻的飼育方式也很重要。據稱，伊比利豬在幼年時期，即會被以野草、樹根、橄欖、香草等餵食。此舉是為了增強幼豬的腸胃系統，好能適應未來的「肥育」方式。幼豬在「草飼」之後，會轉成「穀飼」，然後再送到橡樹林中放牧。豬隻吃了橡樹子之後，脂肪滑潤沒有臭味，並且具有獨特的榛果香。

前兩年我曾在臺北的餐廳，吃過朋友招待的伊比利火腿。那是朋友向國外訂來，寄放在常去的餐廳，每次請客，便請廚師由整支火腿切下一些與朋友共享。當時便覺得十分美味，然而此番在孫先生的引介下，在法國吃到如此道地的伊比利火腿，更是難忘。

## 短暫卻充實的旅程

不僅食物豐美，那家餐廳的陳設也值得一書。聽孫先生說，餐廳本身算是古蹟。我們的座位在一樓，後來我因爲上洗手間的緣故，拾級而下，才見到充滿歷史感的地窖。大石頭砌築的牆面中，每有凹進的空間，便有一小桌擺置，客人於此用餐品酩，氣氛超特別。

有面牆，凹入的牆洞裡放了一把大提琴，看來十分古舊。最吸睛的是，提琴的琴面是打開的，一支火腿端置其中！無論深度、寬窄都剛剛好，眞讓人佩服那樣情境、文化、歷史與食物完美結合的巧思。

我們三、四個人合點一瓶酒，經濟實惠。西班牙紅酒一般而言都比法國紅酒便宜，遑論紅酒與紅肉的相配，美味加乘、口福加倍。

畫面遠處的石牆凹洞中，放了一把大提琴，打開的琴面裡放置的是卻一支火腿！

回國前一日，好友們去逛 outlet，我則偕同孫先生，逛了水晶博物館，還在賣店買了六支水晶小杯，以及兩隻水晶蝴蝶，而且幸得孫先生陪同，輕輕鬆鬆辦好郵寄事宜。

中餐吃的是博物館裡的一星餐廳，我點了一隻乳鴿，孫先生則是吃鴨。不消說，又是美食。

最後我抓緊時間小逛了我愛的龐畢度藝術中心，買了畫風特別的保羅・克利（Paul Klee）畫冊，想送給一個很有繪畫天分的小輩。

此行說來匆匆，卻也因爲在短暫的停留中，飽滿的塡進美景、友情、美食與文化，更顯得充實與意義非凡啊！

# 相識多年的再次「邂逅」

只見她著一身白底黑花旗袍，戴一頂窄帽沿的帽子，手裡叼一根菸，十足巴黎女人的風采。很美，但又很帥。

此番因著爲皮耶先生慶祝九十三歲的生日，我與好友們得以與王效蘭女士在法國相處數日，也因此見識王女士各個不同的面貌。對我來說，就像更加貼近一位自己向來傾慕的舊識，眞是非常愉悅的感受。

## 很美，但又很帥

先說說那日在巴黎的相約相見吧：當我們幾個人趕到約定地點，免不了還是有些遲了，王女士早已在餐廳門口等我們。從九人小巴的座位往外看，居高

餐後上來的奇特「物品」，到底是什麼呢？

一大籃彷若現摘的生鮮蔬菜，立刻擄獲我心。

臨下的角度，剛好將王女士的裝扮與行止看得一清二楚。只見她著一身白底黑花旗袍，戴一頂窄帽沿的帽子，手裡叼一根菸，十足巴黎女人的風采。很美，但又很帥。

那一餐她作東，請我們吃義大利餐。最先端出來的那一大籃有紅有綠、肥碩鮮美彷若現摘的生鮮蔬菜，立刻擄獲了我的心。口味獨到的醬汁隨沾隨吃，驚嘆之餘，心情亦隨之雀躍起來。王效蘭爲我們點了好多菜，還有極之美味的薩拉米香腸與義大利封肉，搭配香甜的哈密瓜。唯一可惜的是我向來不會喝酒，只能淺酌；朋友們倒是一杯接著一杯，喝得開心極了。

餐後上來了一樣奇特的「物品」，我一時沒瞧仔細，心中納悶：「怎麼會推個大理石柱子出來呢？」再一定睛細看，什麼石柱！那可是一整個冰淇淋啊！只見侍者優雅的從「石柱」上切下相同分量的冰品，再分盛給大家。

那樣的安排本就新奇，加上義大利餐廳裡的布置：侍者後方是綠葉繁茂的樹，間雜著雪白清秀的小花；植物眞不啻是空間永遠的魔術師。在等著冰淇淋來到眼前的這段時間，因爲眼睛注視著侍者，連帶便看見了餐廳美麗的陳設，我們未嘗不是經歷了一段視覺上的豐盛饗宴啊。

除了口腹味蕾享受的甜蜜，每在國外餐廳見識或有趣或浪漫的景象，我總會不住的在心中感恩，有多少人能有如自己一般的福分，賞遊世界勝景，遍嚐珍饈佳釀？

## 幸福，也藏在細節裡

侍在巴黎前後不過共五天的時光，王效蘭就請我們吃了兩頓晚餐，尤以回臺前一天那餐法國美食最令人津津樂道、回味再三。

一個不是眞正的巴黎通，絕對不會知曉的私房祕境。

那間餐廳位於美國大使館後面，賣的是傳統的法國餐。老饕們戲稱它爲

「美國大使館後院的廚房」。

無論是花朵的擺放，抑或是燈光的布置，在在令人折服。我們落座一扇窗旁，一旁的院落既讓人舒心放鬆，又兼有隱蔽的作用。隱身桌面下的燈，也許只爲襯托一籃花；埋藏於植物間的光，可能只爲表達些許浪漫。朋友美珍拍了一張照片，桌上花瓶裡插著滿滿一蓬粉紅色玫瑰，每一朵都好大、飽滿豐美；其下的綠葉如張開的雙手一般托捧著，柔和的燈光由葉片的間隙中仰射，襯得花顏更加嬌美動人。所有的一切看似不經意，信手拈來卻又細膩無比。被美食與美景圍繞的我，突然福至心靈的想起「魔鬼藏在細節裡」這句話，若換個角度，幸福不也藏在細節裡嗎？更別說法國人與生俱來的美麗

低調高雅的私房餐廳，燈光布置、花朵擺放無一不令人折服。

自覺、幾百年來的美學薰陶與養成。吃美食，是味蕾的饗宴；但同時飽餐一頓的，還有因爲吸收人文美好的雙眼與心靈。

只是，若我們對這美好的諸般細節視而不見，可惜的又豈止當下？辜負的豈止是朋友的心意？恐怕連人生的富足也浪費了。

若問旅行究竟給了我什麼，身處巴黎的我應該最適於回答：「不斷接觸有美感的人、事」吧！

傳統的正式法國餐果然馬虎不得，那一頓晚膳，菜美、酒美、人情更美，我們足足吃了四個鐘頭！離開餐廳，已是午夜十二點！次日我們一早六點就得起床，可惱我又手腳慢，朋友們一回飯店，三兩下就上床擺平了，唯獨我磨磨蹭蹭的收拾這個、檢查那

菜美、酒美的一頓傳統法國餐，充滿了無所不在的細膩與美感。

個，凌晨三點才睡。淺眠三小時後起來梳洗裝扮，昏頭脹腦，卻仍覺幸福。

## 犀利、感性，永遠走在時代尖端的女子

貴爲浪凡總裁，王效蘭自是有著女強人犀利明快、領導統御的一面。據她說，在公司開會，眞兇起來，「兩手拍桌罵人的情形不是沒出現過！」拍桌？我不禁想像起王效蘭的辦公環境來，這樣一位統御著法國名牌的東方總裁，她那日理萬機的辦公桌，不知是否充滿著古典優雅的法式風情？殊不知，我竟然完全猜錯。不見古典元素也就罷了，甚至現代得近乎前衛！那日法國傳統餐宴之前，王效蘭帶著我們去她辦公室參觀，答案揭曉：浪凡總裁的辦公桌，竟然是飛機翅膀！

我們倆在她的辦公室一角合照，優雅的長窗引進天光，照著我們，也在一旁那以鋁片做成的辦公櫃上映照出更加洗練的質感。

當天，王效蘭穿一身黑色的浪凡長裙，頭戴一頂黑色寬邊帽，妝容俐落。特別的是，她的頸項上掛了一條長項鍊，鍊墜是一只橘紅色的皮袋，原來，裡

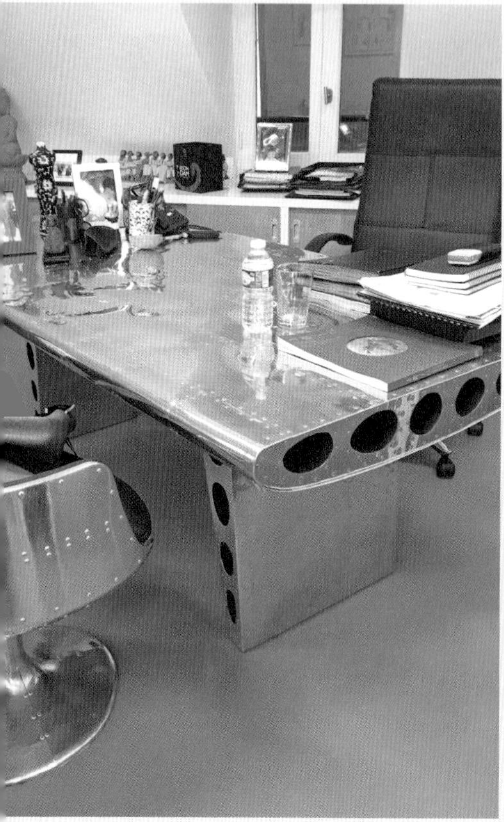

浪凡總裁的辦公桌，竟然是飛機翅膀！（左）

我與王效蘭在她巴黎辦公室合影。（右上）

王效蘭辦公室旁的露臺小花園，特意設置給屬下開會、交誼，或聚會使用。（右下）

面裝的是王效蘭家門的鑰匙呢。明明是如此「實際」的物品，卻因爲與另一條橘紅色短頸鍊做搭配，頓時讓平凡的「生活感」消弭在匠心獨具的時尚氛圍中。

女性細膩的特質總是會在各種場域顯現：我們注意到，就在總裁辦公室旁，有個通過幾級階梯延伸出去的露臺小花園，花園中放了一張大桌，旁邊兩排座椅。四下裡花木扶疏、別有閒逸的氛圍。王效蘭說，那是特意設置給屬下開會、交誼或聚會用的。

怪不得人家常說，到一個人家裡坐坐，就知道此人的文化修養在哪了。

無視於年齡，王效蘭的現代感始終走在時間之先。近幾年無論化妝、衣著都益發的大氣好看。我總一面羨慕她做人處事如此能幹、一面又自嘆弗如的想：她的理性必定穩穩的持掌著公私兩方面之事，不會像我常犯魯莽衝動的錯吧。

但其實她又十分感性，聽她的談吐，看她的舉手投足，便可知道此人很重感情。她瀟灑的這般解讀：「感情就像水龍頭，該放的時候，放！該收的時候，收！」聽得我無限佩服。

經過幾日近距離的相處，我與王效蘭又重新「邂逅」了一次。

猶記得多年前，見過她對一位下屬很是疼惜，既有耐心又有愛心。當時我們大多聽過此人一些不好的風評，只是不方便在王女士面前說長道短，私下卻也擔心她會不會因爲過於賞識某人，便盲目了。所幸後來隔了一段時日，得知王女士已將那人開除，而且據聞在開除之前，王女士仍仁慈給予三個月的時限改善，無奈對方依然故我，於是只得理性處理。

因爲這件事，我對她的了解又多了些。從此知道她不是那種只有無限溫柔、任人予取予求的人。

當年《民生報》結束，身爲發

行人的王效蘭，卻沒有任何員工怪罪於她，反而紛紛不捨，與她相擁而泣。若不是有著豐富眞摯的情感，高居上位的發行人，又怎能與基層如此交心！

## 常保年輕心態，什麼都不怕

認識王效蘭那麼多年，卻從未有機會像此番巴黎行，能夠朝夕相處。全程展現高度親和力的她，共處起來讓人自在安然。往羅斯柯特古堡的路上，她不停的買零食給我們，巧克力、洋芋片……童心未泯，像遠足一般。五月的法國鄉間油菜花盛開，舉目望去滿眼嬌黃、美不勝收。加上王效蘭非常健談，知識淵博、見聞廣，有她在美景中同行，眞是再幸福不過了。

人的年歲只會越來越大，但只要腦袋與心態年輕，說眞的，什麼都不用怕。

始終擔任我與皮耶先生溝通橋梁的孫先生，更是與同爲法語通的王效蘭一見如故，當他們聊起文學藝術，想必有源源不絕的話題。才疏學淺的我，只有一旁豔羨的份兒。卻也不免覺得驕傲，因爲我有那麼棒的友人！

我一直都知道，曾任《聯合報》與《民生報》發行人的王效蘭女士出身富貴，所以當初剛認識她時，總不知該如何應對，更不敢奢望交心。後來相處，才知這讓人印象深刻的女子全無半點富家習氣，非常自然直爽。

我常感嘆，人與人之間，若因人情面子相交，必不長久。唯有人格特質的互相吸引，才能發展成經久不衰的情誼。

而此番，託了皮耶先生之福，經過這幾日近距離的相處，王效蘭女士在我心目中，更顯得理智與感性並重，魄力與溫柔並存。即便我們早已相識多年，誰又能說，這樣的相知，不是一次眞正的「邂逅」呢！

# 為家庭捨棄名利的真男人

男人多半難以拒絕名利，職是之故，對於願意為了自己深愛的家人，放棄名銜與光環，卻又竭心盡力賺錢養家的孫先生，我打從心底敬重與佩服。

說起我與巴黎友人孫曉東先生的相識機緣，也是一樁值得細細書寫記錄，用歲月見證眞誠情誼的「邂逅」。

算一算，我們認識至今，竟然也已超過十年了。

最初能與孫先生相識，乃因我常去巴黎旅遊，愛看展覽的我，實在需要固定的嚮導，遂委託熟識的旅行社，幫我找一位可在當地接送我與旅伴們的業界人士。比如我最喜歡光顧的日用品展，通常展期三天，早上送我到展場，下午再接回。沒想到旅行社推薦的孫先生，豈止專業而已，根本就是人文薈萃的寶山一座。到後來我簡直缺不了這萬中選一的優秀人才，只要去巴黎，無論看不看展，嚮導都非孫先生莫屬。

我非常幸運，此後越是認識孫先生的學養與爲人，我的巴黎行便越形精采豐富。

## 學養俱佳、本分盡心

對於熱愛藝術、總喜歡上美術館消磨時光的我來說，法語流利、學養俱佳的孫曉東先生，不啻是難能的最佳導遊。臨時起意想去哪間博物館美術館，他必定馬上幫我查清楚有沒有開門。雖然從事的是旅遊業，孫先生卻毫無生意人常見的奸巧或唯利是圖。他做事本分、盡心。對於自己熟諳的，知無不言；不是自己應得的，絕不貪妄。每當我們到法國旅遊，無論吃住，他總是會想盡辦法爲我們省下不必要的花費。有時更會應我要求，幫我們找到古典優雅又價格便宜的旅館。獨立承接旅遊業務的他，周身沒有半點商賈氣息。

多年下來，我早已當他是好友。有時看歌劇，委他買票，跟他說：「孫先生，請你多買一張，與我們一起欣賞吧。」但他總是客氣的婉拒，從來不願無端被請。

無論放在東西方的倫理天秤上，他無疑都是個百分之百愛家好男人，與妻女以及丈母娘一塊兒生活在巴黎。學、經歷均非泛泛，所以每次他的導覽總讓人獲益匪淺，旅程增添知性風采。

## 為兼顧家庭，自願擔任家庭主夫

孫先生畢業於北京大學，人生的第一桶金是遠赴非洲當翻譯賺來的。他說，非洲人文純樸、自然，在那兒工作其實很快樂。儲下足夠的錢財後，他便負笈巴黎，進入研究所攻讀古典文學。

正因學養深厚，孫先生的外表散發著優雅的書卷味，談吐更

圖中右方即為孫曉東先生，正在為皮耶先生翻譯。

是不俗。每見他與皮耶先生溝通、為我們翻譯，或與同樣專精法語的王效蘭女士暢談藝術文學，甚或與我閒話家常，總是能清楚感受到其人豐富的知識涵養與閱歷。越是熟識，越是覺得曉東大材小用。如此優秀的一個人，老實說只是當個「drive for guide」，實在委屈他了。

有天我實在忍不住，便問曉東，擁有這麼好的學問，可以大展長才的領域所在多有，為何情願只選擇導遊一職？

他的回答是，時間自由。因為當初升格為人父的他，不想錯過孩子的成長，於是在與妻子商量後，由他退居家庭主夫的位置，讓原本就身居機械公司經理級主管高位、公務繁忙的太太，繼續在職場上彰顯身手、發光發熱。工作時間彈性的丈夫，挑起了兼顧家庭的溫暖重擔。孫曉東不但說到做到，而且甘之如飴，從未後悔。他回憶女兒幼年，有很長一段時間，總得牽著爸爸的大拇指才能安心入睡。將此視為父女間小小幸福的他，必定等到女兒熟睡後，才輕輕的將手抽走。

直到今天，他們不但在巴黎擁有一棟有著庭院與可停三部車的車庫的美麗洋房，甚至也為大女兒買了一間位於凱旋門附近的小公寓。「只差再多攢些，再為小女兒也物色一間房就行了。」這偉大的爸爸說。一雙美麗的女兒，老大目前在王效蘭女士旗下的世界名品浪凡工讀，依法國政府的規定，是算學分的。

## 北京→非洲→巴黎，一路苦讀

孫先生在北京大學時，念的是法文系。英、法文都強。他的雙親是老師與醫生，早年約莫受父母影響，知道努力讀書是出人頭地的不二法門。從北京到非洲再到巴黎，不難想見孫先生一路上付出了多少血汗。他的出身讓我想起三十年前參觀北京大學的印象：一大清早，就見許多學生，拿著課本，在冷冽的空氣中，大聲誦讀！個個字正腔圓不說，抬頭挺胸、自信自重的模樣，讓人無法等閒視之。

當時我非常驚訝，難以想像在大學校園中，竟然還有如同準備窄門應試那樣的畫面，但又暗自佩服，心想：這群年輕人將來必定有出息！相較於臺灣的學子，總是害羞靦腆居多，不敢表達，實在可惜。

正如最近一次的南極之行，我等了三年，好不容易才終於被排上了「南方號」。之所以如此一票難求，便是因爲幾年來的船位都被大陸的團體訂光了。當我與親友們得償夙願登了船，行程中便常聽見陸客們以英文交談，自信滿滿。遇有珍奇美景，又見他們人手一支高倍數長鏡頭，隨隨便便就將我們比了下去。

## 非比尋常的價值觀，令人佩服

長居法國多年，孫先生與妻女自是已入法國籍。後來他將丈母娘接來巴黎同住，老人家如今也已是法國籍。說起孫先生對岳母的孝順，又是另一樁讓人嘆服的美事。有一天，他岳母在家中打理家務，要鋪床，順手將床單一抖，沒想到腰骨竟然應聲裂了！爾後送醫，不但醫好了裂骨，醫院還每日派護士來家中替老人家打補鈣針。想來法國對於老人福利，照顧得頗爲周全。

然而話說回來，福利再好，也比不上一位如孫曉東那樣盡心的半子啊！

男人多半難以拒絕名利，職是之故，對於願意爲了自己深愛的家人，放棄名銜與光環，卻又竭心盡力賺錢養家的孫先生，我打從心底敬重與佩服。最近我有個朋友看上一間巴黎待售的小旅館，本想買下後，交予孫先生經營，沒想到他竟然一口婉拒了。

此人的價值觀實非一般，待人處事更是謙沖有禮。總是替人著想，不求不貪。每每思及我在巴黎居然能有友人若此，實在開心。世間任何真實，都需要時間的觀察與證明；尤其友誼。巴黎友人孫曉東先生，無疑是我不可或缺的福氣啊！

輯三

# 欣賞，不一樣的生命歷程

人與人之間的緣分，有時不在邂逅的時間長短，彼此頻率相通，才是讓相遇變得美好的關鍵。

# 無怨無悔的探戈靈魂——馬丁

對探戈賭上全部人生的他，說了一句與眾不同的話：「對我來說，探戈是真實的愛情，不是虛幻的激情。」

旅程中，有些邂逅因誤會而起；有些誤會則若非因爲邂逅，無法解開。比如，我此行採訪的探戈舞者。

本來，既是採訪，也許就不好冠上「邂逅」二字。然而就是託了「誤會」的福，到頭來還是成就了一場意料之外的美麗邂逅。

## 美麗的誤會其來有自

此番啓程去南極，行前既知要由阿根廷的火地島登船，我便託人安排，詢問是否有機會拜訪一位探戈學校的老師？

您問我爲什麼？因爲阿根廷可是探戈的發源地啊！行前，我還特意「惡補」了兩堂探戈，算是學會了一點皮毛，心中自忖有著一副「探戈魂」，有機會與眞正的探戈老師訪談，怎能不盡力爭取！

行前才知，即將見面的對象，不是什麼探戈學校的老師，而是一位廣受歡迎的探戈舞者。我們要見面的地方，就在他表演的那間餐廳。此爲誤會一。

這位現年三十八歲的探戈男舞者馬丁（Martin），是義大利與西班牙混血，可想而知，五官深邃、身形健美，端的是迷死人不償命吧！在挑動的樂音伴襯下，男女舞者時而交纏、時而相擁；若即又若離……難怪有人會說，探戈是「含蓄的、地板上的做愛」！

關於探戈的起源，據說最早是在港口邊，水手跟水手跳，所以一開始，本是一種男男舞蹈。配樂也很簡單，只有手風琴。爾後才慢慢發展成男女對舞。

只見馬丁與舞伴在臺上渾然忘我，那女舞者有雙長腿，美麗且曲線玲瓏。我怎麼瞧都以爲她就是馬丁的妻子，因爲太相配了！

當時餐廳裡，還有位熟齡女士在高歌。她體態豐腴，歌聲十分迷人。我後來才知，這位才是馬丁的太太。

此為誤會二。

馬丁表演的地方，前面是個占地滿大的酒館，其內樂音悠揚，大、小提琴俱佳，氣氛很棒。一走進去，立刻感受到百分之百的阿根廷風情。

不得不提，這裡的牛肉眞是好吃。我從來不嗜肉食，牛肉更是從來連一塊都吃不完。但這家店的牛肉多汁又嫩，一點都不會讓我覺得膩口。

## 不羈的靈魂，在探戈世界找到歸屬

馬丁表演完，旋即與我進行訪談。彼時他的另一半仍未卸妝，不在場，所以這位渾身上下散放著探戈魅力的帥哥，更得以放懷暢言，細數他的過往。

馬丁說，父親是一名業餘的探戈舞者。他從小受父親影響，耳濡目染之下，十幾歲就已經跳得很好。個性本就叛逆的馬丁，在探戈的世界裡更是理直氣壯的不愛讀書、成天談戀愛。

不到二十歲，他離家出走，在外面吃足苦頭，有一餐沒一餐的過，曾窮到身上連一塊錢都找不到。「好幾次山窮水盡，」他說，皺皺眉，「一切都只能從頭開始！」

後來，馬丁總算找到一份探戈舞者的工作，生活才慢慢穩定下來。他不再回首過去，只求「活在現在」。

馬丁對探戈的一往情深，恐怕連「狂熱」都不足以形容。他說，表演不是爲了生計，而是爲了自己心中的熱愛。

他不墨守成規，但也不悖離傳統。在音樂和舞步上，馬丁會巧妙地加上些許變化，改編成更具自己風格的作品。等於對探戈賭上全部人生的他，說了一句與眾不同的話：

「對我來說，探戈是眞實的愛情，不是虛幻的激情。」

## 天生情人，難於對愛負責

年輕時輕易便墜入情網，天生一副情人樣貌的馬丁，談戀愛、與女人同居，似乎從來無需多想。所以，他現在已有個念中學的女兒，沒跟著他，每月他按時給女兒寄生活費，甚至很少見面。

「我不是個好爸爸，」他坦承，「以前靠表演走天涯，每次遠行回來，只見女兒又長大了些。」他知道小孩最需要的是陪伴，偏偏他最給不起的也是這個。於是他繼續浪跡人生，繼續把他的時間留給探戈。

馬丁談過很多次戀愛，講白了，就是一次次從激情到清醒的循環。一開始總是天雷勾動地火，接著歡愉過後，回歸現實，抵不過生活的摩擦、產生口角，最終走上分手一途。

「每一次都是遍體鱗傷、不能善終！」馬丁說。

我半揶揄的問：「你長那麼帥，怎麼辦？」

「一個男人是很難拒絕女人的。」他回答，毫不避忌，「男人對女人啊，最難逃過是肉體的引誘！」

「那麼，你現在結婚了嗎？」我又問。（在此向讀者們解釋一下，開始進行訪談時，我對馬丁一無所知，自然也不會知道他已婚未婚，遑論另一半是誰。）

「結婚了！」馬丁答，露出了愛家男人的那種幸福神情。

「尊夫人從事什麼工作？」一面問著，我腦海中一面浮現適才與他共舞的那位美女身影。

不想他才開口回答，一旁的翻譯便小聲對我說：「妳一定想不到，他的太太是誰！」

## 邂逅真愛，相伴演藝人生

原來，馬丁的另一半，竟然就是剛剛我們還在看表演時，那位歌聲悠揚婉轉，身形豐腴的熟齡女歌手艾倫（Alan）。若單就外貌評斷，老實說，我完全沒想過兩人匹配的可能。

馬丁說，與妻子結婚兩年，十分知足幸福。我忍不住好奇，追問：「爲什麼選擇她作爲婚姻伴侶？」馬丁笑得迷人，說出兩人相識的經過。

原來，早在兩人相識前，艾倫憑藉著動聽的歌聲，已在阿根廷的電臺小有名氣。有回馬丁與朋友在咖啡店聊天，碰巧遇見艾倫就坐附近，馬丁的朋友認識她，便帶著他過去打招呼。這樣的邂逅在馬丁的形容下變得十分浪漫，他說：「從那一眼開始，我的眼睛就再也離不開她了！」

於是他卯足全力展開熱烈追求，兩人交往三個月就步上紅毯。我忍不住又問：「選擇她是因爲？」

「她理解我。」馬丁回答得言簡意賅。然而當我打趣的說：「要是以後又碰到主動追求你的女人怎麼辦？」這位帥哥舞者先是篤定回應：「現在我已經找到摯愛了。」未久卻又留有餘地的補一句：「但未來的事，誰知道？」

意味深長的註解啊，我啞然失笑的想。然後，卸下濃妝的艾倫進來了。既然已經自男方口中聽聞那相遇的一日，我便也想聽聽，女方怎麼回憶緣定今生的那一眼。

「其實，」做太太的非常直率，坦白說出那天的心情，「他朝我走過來時，我已經心中小鹿亂撞了！」艾倫看了一眼丈夫，笑說：「但我告訴自己，千萬不能露出馬腳。」

那個當下，她的確掩飾得很好，然而馬丁的追求攻勢太猛烈，儘管她一再提醒、警告自己「千萬不要發展太快」，三個月後，她還是成了馬丁太太。

艾倫也曾經離婚，有一個孩子。換句話說，在客觀條件上，兩人各有一段過去。不知是否正因如此，經驗讓人成長，結婚至今兩年，他們仍維持著良好的關係。

或者也因爲：艾倫較爲成熟，有助於掌控婚姻中的種種情況；而馬丁也三十八歲了，相較於過去的年輕魯莽，他畢竟成熟了許多。

## 在婚姻中重新學習

「我還在慢慢觀察他。」妻子半認眞半玩笑的講，「目前爲止，他都表現得非常有誠意。」兩人不只在生活中相伴，事業上也能互相配合；一個唱歌、一個跳舞，馬丁終於找到了可以相偕走天涯的伴侶。

他們說好不生小孩，在沒有家累的情況下，靠專長營生，又能寓興趣、娛樂於工作，這對熱愛探戈的馬丁來說，大概是人生所能奢求的最高境界了！

「一直覺得大家對探戈表演者有很深的誤解，以爲我們私生活一定很亂，」馬丁在訪談尾聲語重心長的說。「臺上的我們光鮮熱情，其實私生活中，我們是很嚴謹的。」結了婚、並且婚姻幸福的舞者，說起這話別有一番說服力。馬丁表示，就像他的舞伴，下了舞臺也就是個尋常人，過著再平凡不過的生活。

他對自己的職業所下的註解，無形中也解答了我的疑問，讓我一窺向來好奇的探戈世界，以及在華麗舞衣與炫彩燈光下的藝界人生。

## 與帥哥共舞，捏著冷汗圓夢

訪談前，我才剛經歷了此行最令我緊張的一刻！

馬丁跟我跳探戈！

爲了這一刻，當一早同團的旅伴們都去參加搭乘巴士的 City Tour 時，我沒敢去，爲的就是留下來養精蓄銳。再說我還得化妝、準備舞衣；尤其後者。此番臨行前，我才被當地導遊詢問有沒有開叉的衣服？我急中生智，先是將帶去的一件洋裝內裡剪掉，再套上一件迷你裙，如此算是勉強符合了探戈一定得露腿的鐵律。那件洋裝的上半身略嫌暴露，我便戴上許多紅色的飾品，既能遮掩，也可增添華麗感。至於頭髮，我將它弄捲了些，多少加點分。

父母難為！不可以斥責，不可以稱讚，不可以套用自己的理想，替孩子扣分，
要課題分離，如實看待孩子本來的樣子……
到底該怎麼做？

# 讓孩子成長的阿德勒名言

**32句直入父母心的關鍵提醒，**
**為孩子構築真正的幸福人生！**

一個能感受到「自己受父母信任」的孩子，才是幸福的；
一個能幫助「孩子學會自立」的教育方式，才是有用的。

《被討厭的勇氣》暢銷作家　岸見一郎／著　葉小燕／譯　定價 240 元　究竟出版

現代草民哲學讀本
日常隨時烙哲學，用思考通樂人生
網路人氣專欄
沃草烙哲學作者群 著
新生代人氣插畫家 寧欣 繪
亞洲第一！監督政府的獨立網路平臺「沃草」出品
哲學有用！不懂思考，就等著接受糟糕的決策
歡迎踢館！要讀更要反思，活化大腦並面對現實
政治人物做好不做滿，可以客訴嗎？
支持同婚可穿褲子？你真的有想過護家盟在想什麼嗎？
是時候，讓哲學出馬了
踏入烙哲學交誼廳，來趟哲學思維的旅程
我們邀請你，對人生提出最全面的質疑
沃草烙哲學作者群／著，定價 360 元
究竟出版
電子書同步上市

我不是沒想過要打退堂鼓。尤其眼見那位與馬丁搭檔的女舞者，貌美如花不說，那雙長腿，不知迷死多少凡夫俗子。我這矮個兒往馬丁身邊一站，畫面會不會讓人不忍卒睹啊？臺下，可是有兩百多雙眼睛看著耶，更別說同團的團員們了。

可是來都來了，臨陣脫逃恐怕亦非明智之舉。於是，我把心一橫，上場去也！

與專業探戈舞者馬丁共舞，圓了我的浪漫探戈夢。

馬丁果然是資深的專業探戈舞者，在他的帶領下，我的疑慮消去大半，行前惡補的那些舞步，瞬時又回到我的記憶中。雖然仍難掩緊張，但手腳的律動彷彿跟上了節拍。我只是一直注意自己的腳，深怕踩著了他！我們共跳了兩支舞，下了臺，朋友邊拍手邊說：

「妳說妳不會跳？可是妳也太會擺pose了吧！」

其實，被我看在眼裡，最讓我過意不去的是，本來與美麗舞伴搭檔了整場表演，一滴汗也沒流的馬丁，只不過帶著我跳了兩支舞，卻跳出滿頭大汗，可見我這「臨時演員」多讓人「棘手」啊！

如是這般，我就在往南極的半途上、在探戈的起始之地、在一個幾乎將探戈視為國粹的地方、在一個就連貧民窟的小朋友也在路邊隨處跳探戈的國度、在連串無傷大雅的誤會解開後，圓了我小小的浪漫探戈夢。

註——特別感謝領隊藍治瓊先生的悉心安排。

# 糟糕！我又犯了心直口快的毛病

「哇！」我驚呼，非常開心，「好美喔！」一回頭，這才看到同行的朋友們，背對著海浪，面無表情，完全不敢看。

這次去南極所搭乘的郵輪，乃是歷來我所乘坐過噸位最小的船，只有一萬零八百噸（畢竟去的是南極，太大的噸位無法進入窄小的海灣），但若論船上餐點，卻是我吃過最棒的。

因爲這「南方號」，是艘法國船。

果然是美食之國，到了海上仍然不甘屈就。別說正餐了，即便連餐廳部的甜點，對我這向來喜歡美食的傢伙來說，都堪稱難忘的美味。

## 內心的八歲小孩總是得意忘形

「南方號」上的旅客大約兩百人左右，服務人員包括餐廳、房間、會計等部門，也有一百餘人。也就是說，船雖然小，卻無損服務品質。

船小，所受風浪衝擊自然也大。有時在餐廳吃飯，一個大浪迎面捲上來，幾乎比窗戶還高，接著又轟然落下，煞是驚人！

「哇！」我驚呼，非常開心，「好美喔！」

一回頭，這才看到同行的朋友們，背對著海浪，面無表情，完全不敢看。我心想，糟糕！自己又犯了心直口快的毛病，只顧著讚嘆大自然浩浩天威，卻沒顧慮到別人的心情。

更慘的是，這錯誤我還不只犯了一次；而且第二次的地點更不該——

當時我與朋友同在一艘登陸艇上，時間已是晚上八點。天色雖然未黑，但海上風浪已大。我們結束了極地登陸，正在返回「南方號」途中，其實大家心情都有些緊張。突然一個大浪襲來，我們的小艇先被托高，緊接著浪頭灌下，我背對著浪，完全沒被潑溼，而且不知爲什麼，竟極其興奮的笑起來！

這一笑非常失控，咯咯咯的停不下來。好不容易止住了笑，才赫然驚覺，坐我對面、正對浪頭的朋友，臉都給打溼了不說，早已嚇得面色鐵青，看得我好不忍心。

「妳看看，妳的八歲又出來了！」朋友虛弱又無奈的說。當下我心中後悔不已！真是得意忘形，怎麼就如此少根筋呢？

## 鐵了心考驗自己

此番到南極，朋友們知道「南方號」噸位小，走的路徑又多半海象多變，所以又是貼貼布又是吃藥的，就怕暈船。我呢，鐵了心想考驗自己，這回既不吃暈船藥也不貼貼布，只想看看自己還有多少能耐！

偏偏浪又特別大！

相較於暈不暈船，比較令我意外的是：向來在旅途中睡得少又睡得淺的我，卻在「南方號」上，獲得了不錯的睡眠。想來大概跟我採取的睡姿有關。

每天晚上進了艙房，上床後，我讓身體蜷起來。前面抱一個枕頭，背後再靠一個，接著用棉被把自己與枕頭都固定住，如此一來，無論船身怎麼在大海上晃動，我都能安安穩穩的入睡，不至於滾來滾去。這個看來挺土法煉鋼的方式，卻出奇成功的讓我此行幾乎夜夜好眠。

睡得好，我很開心；萬萬沒想到卻在我最自豪的地方出了狀況，而且還是兵敗如山倒，豈是一個「慘」字能形容！

## 大意失荊州，幸好有「救命恩人」

對易受風寒的我來說，在「南方號」上，最大的困難是穿衣服。因爲室內雖然定溫在舒適的二十五度，但室外實在太冷，往往沒過多久，室內便漸漸冷了下來。於是，在又乾又冷的狀態下，我的背上、大腿、小腿，全起了一粒粒的乾疹，奇癢無比！

我每隔兩小時就補擦一次乳液，根本起不了太大作用。加上我洗澡時，又犯了美膚專家根本不該犯的大忌：不但用高溫的熱水，還加上肥皂用力搓洗。這下可好，狀況越來越嚴重。到了第三天，我已經癢到打寒顫了，還好同團旅客裡有位施春雨醫師，我向他求救，施醫師語氣嚴肅的說：「怎麼拖到第三天才來找我！太慢了！」他說：「我只能開類固醇給妳吃，再加上保養，才能好。」

於是我只好乖乖的服用醫師給的類固醇，並且狂塗勤抹保溼品，看著我一向引以爲傲的美肌，短短時間便「體無完膚」，眞是欲哭無淚！

所幸這一次的大意失荊州，有賴施醫師的診治，讓我最終仍能得救，否則愛美如我，眞不知情何以堪？

然則旅程中，施醫師對在下的「救命之恩」不只一回。我們在巴西時，因爲熱帶國家水果豐盛，我見了琳瑯滿目的各類果汁，實在難以抗拒。芒果啊鳳梨啊紛紛下肚，結果大概是太過涼寒，傷了腸胃，我一日之內竟腹瀉了二十幾次。眼看非同小可，只得向施太太求援。

施醫師立刻開了三包藥給我服用，果然醫術高明，才吃完一包，我的病況已明顯好轉，得以繼續快樂的旅行。

出門在外，旅行的運氣，實在至爲重要啊！

# 如夢似幻的極地登陸之旅

我不由得伸出手去；不是奢求一觸冰山，而是想要拍拍自己的臉頰，好確認眼前此景不是夢境！

沒有眞正踏上極地，永遠無法知道景色有多麼絕美、氣溫有多麼低寒！

當我們的船行經福克蘭島、喬治亞島與南極半島時，在冰山群中緩步穿行的滋味，豈止是驚豔而已！

近看冰山，其色泛藍，美得好似太虛幻境，半點也不眞實。我不由得伸出手去；不是奢求一觸冰山，而是想要拍拍自己的臉頰，好確認眼前此景不是夢境！

天上的雲，長得也不太一般。有的狀似魚鱗，一片一片；有的像一大團棉絮，厚實豐滿。各異其趣的雲朵，襯托在南極特別藍的天空中，尤其美麗。

南極泛藍的冰山，美得好似太虛幻境。

## 極低氣溫，絕美風景

至於有多冷呢？想來不會有比詳述我的衣著裝備更清楚的說明了：

上半身由裡往外依序是：刷毛的內衣、薄毛衣、厚毛衣、羽絨衣（輕薄型），然後才是船上制式的大而厚重的紅色羽絨衣。

下半身則是由裡至外：發熱褲、刷毛窄腿褲、羊毛褲、雨褲（摩托車騎士所穿，防雨的那種）。

腳上先著一般薄襪，再加一雙厚厚的羊毛襪，鞋子穿的是船上

要登上南極大陸，必須轉乘橡皮艇，並經過消毒程序。

提供的加大號雨靴。頭部則必定是兩頂帽子。手套？不用說，也是兩層！

著裝至此，已是可以想見的厚實，最後還得穿上救生衣。然而我此時多半已行動笨拙如企鵝，總得仰賴同行小輩的幫忙，才能順利將救生衣穿上。前面提及那件制式的大紅色羽絨衣，諸君可以想見：在一片冰天雪地中，只有紅色是最鮮明且安全的，萬一有人脫隊或走遠了，馬上便能發現。

要登陸，必須轉乘橡皮艇，所以還得看風看海的臉色。我們的船有天就在南極半島旁，繞了一整日，始終因爲風浪太大、海象太危險而無法放下小艇。然後某一天，聽人說好像什麼「風速一百八十幾」的，總算勉強可以登陸了！

極地的自然絕景，當然必須悉心維護。這也就是爲什麼當我們全副武裝穿

登上南極大陸，見到極地動物，就是我所有選擇的答案。

戴完畢後，要行經船上的一處消毒水池，讓雨靴踩過消毒水，才能避免爲大自然帶入任何傷害或汙染。

登陸行程結束，回到船上，這道程序一樣不得馬虎！

在陸地上，不可能讓人類「方便」，所以我早在兩小時以前，就已滴水未進。

登陸後，不可觸摸動物、不可踩踏植物！我們非常虔敬而謹慎的，在多屬生物學專家的工作人員帶領下，走在他們所插旗開道的路徑上。

## 一切只為親炙極地動植物

極地植物成長速度極爲緩慢，兩年才能

長出一吋，無怪乎生物學家們要如此小心翼翼。

遑論我們眼前多到數不清的極地動物。

海象、海狗、海豹與企鵝，滿坑滿谷！登陸前，我們便已被再三叮囑：絕不可主動觸碰這些動物；除非牠們自己靠過來。我置身在難以想像的情境中，被極地動物包圍的感覺非常奇幻。以前在電視機前總是海狗海豹傻傻分不清，現在卻明明白白看到：原來海狗移動速度很快；海豹則是蠕動式的往前行。我們甚至見到因爲爭搶交配權而遍體鱗傷，倒在石頭上奄奄一息的公海豹；以及可愛極了的帽帶企鵝。

眼前萬物，就是我所有選擇的答案！不就是爲了能親自踏上極地，當初我才不願搭乘那只能在外海無關痛癢的繞行一圈的九萬噸大船啊！當我呼吸到極地乾淨的空氣，直覺整個肺部都被洗滌了。在天地之間，我與自己的心，靠得更近。有朋友問我，十五天都在海上，豈不是無聊至極？我直言不諱的答：

「無聊？怎麼會？那可是開往世間絕美之地的船，我每天都忙得不得了啊！」

不能主動碰觸極地動物，只好在遠處學海豹的姿勢與牠們合影囉！（上）

親眼見到可愛的巴布亞紅嘴企鵝，感覺很奇幻。（下）

# 天時、地利，還有好船長

眼前這位，年紀太輕、模樣太秀氣，他真有本事可以掌控這艘「南方號」，帶我們安然度過有時驚險的海象嗎？

初見「南方號」的船長，我心底浮起老大一個問號？伴隨著隱隱不安：

「如此年輕又斯文，靠得住嗎？」

那是在登船之後的船長歡迎酒會上，他站在門口，一一與乘客握手、合影。那溫文儒雅的外貌，委實與我長年以來對「郵輪船長」的刻板印象大相逕庭。他們不都應該胖胖的、高大的、有點年紀，甚至留點鬍子嗎？

而眼前這位，年紀太輕、模樣太秀氣，他眞有本事可以掌控這艘「南方號」，帶我們安然度過有時驚險的海象嗎？我們要去的地方，可是南極欸！

老實說，我有點怕。

經過十數天的航行，見識了他對整艘船的指揮若定，加上爲了本書所做的採訪，了解他的資歷與背景之後，我這才知道，自己有眼無珠，小看人家了。

## 三十八歲，竟有十八年航行經驗！

今年三十八歲的奧利維爾·馬里安（Olivier Marien），竟已有十八年的航行史。他說：「青少年時期，父親因爲工作關係，帶著我們四處旅行，連非洲都去了。」大學畢業後，奧利維爾便開始了航海之路。他始終把成爲船長的目標放在心底，如今不到四十竟已圓夢，奧利維爾說，這是過去不敢奢想的。

基層開始的扎實經歷，對熱愛海洋的奧利維爾而言，不啻是如魚得水。他用術語說：「從掛一條槓，到現在掛四條槓。」奧利維爾統領過馬士基船運公司（Maersk Line）旗下的貨輪，大半的航海工作都耗在貨輪上。接著他出任一艘法國知名研究帆船的船長，此船專門研究世界各地的海洋生物，且攝製內容每日在法國電視臺以帶狀節目播出。然後他開始任職美國郵輪，三年前升任星風郵輪（Winstar）的船長。

在海上叱吒風雲，眞正可謂「四海爲家」。問他最高興的事是什麼？奧利維爾笑得好迷人，「就是我做了一份最好的工作！」他說，航海讓他得以到世界各地遊玩，但相對也有許多壓力。過去擔任貨輪船長必須肩負貨物的價值，現在則是「南方號」上四百人的身家性命。

奧利維爾毫不諱言，當上船長讓他深感驕傲與榮耀，但也因此更體會謙虛之必要。海象瞬息萬變，「再棒的船長也有可能犯錯！」所以必須向大海與天氣謙卑的學習。令人最感驚訝的是，當我問他海上生涯最喜歡的經歷，奧利維爾的答案竟是：「當研究帆船的船長！」因爲他覺得這是他船長生涯中最具挑戰性的一頁。

當年他蓄著長髮，照片中另有一番不羈的俊帥。想來那個專門帶著攝影團隊與生物學家探索未知的奧利維爾船長，不知在法國電視頻道裡讓多少人憧憬與嚮往。

## 駕駛南極客輪的挑戰

「那麼，現在當這『南方號』的船長，你在心情上有怎樣的差別？」透過領隊藍先生的翻譯，我問。

「現在擔任『南方號』的船長，責任是非常重大的。」奧利維爾說。兩百多位旅客的性命、安全、對南極的滿滿期待，以及無法人爲操控的多變海象；能不能靠岸、何時可以靠岸……無一不是壓力與挑戰！一開航，便足足十五天無法補給；「最可怕的，莫過瞬息萬變的海象與天候！」

就在我們此次南極行啓程前一週，與「南方號」同型的姊妹船「北方號」，才因引擎起火，在福克蘭島附近失去動能而擱淺，所幸無人傷亡。當時，便是奧利維爾帶領著「南方號」，足足開了八小時，趕往救援，平安將三百多人救出，我們的船期也因此延後。

這樣的海上工作，出航兩個月、休假兩個月。

兩年前才剛結婚的他，有一個可愛的小寶貝。不難體會，奧利維爾說他現在最開心就是放假回家。那麼俊帥又值得信賴的一位年輕船長，不願多談自己的羅曼史，只說很愛太太小孩，舉止間盡是對妻小的保護。

我的南極行，平安開心，因爲天時地利人和，尤其有幸邂逅一位好船長，更是至大的幸運啊。

# 頻率相通——美好相遇的關鍵

因為距離很遠，所以看不清五官。只見她隨興的坐在講臺邊邊，兩條腿就那麼輕鬆自在的懸著。整個人散發出一種率性的帥氣感。

那一天，在「南方號」登福克蘭島的行程中，我看到了一片片嬌豔的黃花。雖不能用「絕美」形容，但因極地植物生長極為不易，矮短的小花小草帶來的卻是難言的驚喜與感動。

在極地登島，我們這些遊客所走的路徑，都是經過事前規畫的。隨船的生物學家們，會先上去插旗開路，確保遊客與極地動植物雙方的安全。

當時有位生物學家，熱心的向大家說明花草下藏有哪些昆蟲。我很愛花，對昆蟲卻是退避三舍，所以沒有細聽。加之以每個人都是遮頭遮臉的裝備（最外層的雪衣，旅客著紅色，工作人員著黃色），我便沒太注意解說者的相貌。

## 來自中國的極地生物學家

次日，船上舉辦了一場學術講座。主講人是個女生，穿著黑色運動衫與長褲，髮型則是略長的鮑伯頭，但因爲距離很遠，所以看不清五官。只見她隨興的坐在講臺邊邊，兩條腿就那麼輕鬆自在的懸著。整個人散發出一種率性的帥氣感。

殊不知，這位率性又帥氣的姑娘，正是昨日爲大家講解極地昆蟲的生物學家——姚雪霏小姐。

眞正見識雪霏的魅力，是後來有一日在船上的餐廳。這次是面對面的近距離，卸去極地裝備的她，曲線玲瓏、且沒有半點世俗塵味。最令我驚訝的是，長時間在酷寒與烈日環境中工作，雪霏的皮膚卻非常白，不見半點痕跡，實在羨煞人也。

「那是因爲我都有戴口罩加太陽眼鏡啦！」雪霏笑說，「保護還是做得很足的！」

## 年輕、卻有寬廣眼界

這已是她從事這工作的第三年，第十三趟船期。剛剛過完三十歲生日的她，看待生命的眼界卻超然的寬廣。剛發生不久的「北方號」起火事件她身歷其境，因爲意外發生當時，雪霏正在「北方號」上服務。據她說，那危急的關頭，眞的看盡人性的美醜：有人只顧著搶救自己心愛的衣物，有人則是幫忙旅客、安撫大家。

再問她，當時第一個想到誰？

「男朋友啊！」雪霏甜甜笑著回答。

這個直率誠實的答案，完全出乎我的意料之外。本來以爲，未婚且孤身在極地郵輪上工作的她，對父母親情的依賴恐怕大於一切；難過的時候、寂寞的時候，最想念的應該都是家庭的溫暖吧？沒想到，愛情的力量眞偉大！年輕的世代，愛情仍然至上。

可見，再怎麼堅強的性格，還是需要一個可以倚靠的肩膀的。

## 緣分，無關時間長短

我很是欣賞這個既獨立又眞性情的女子，感性的神經一被觸動，就很想送點什麼給人家，無奈身處極地沒有什麼可以相贈，於是將不久前在日本買的毛線帽（本來便是爲南極之旅所買，甫購入不久，幾乎算是全新）送給雪霏。想來她工作環境如此寒冷，毛線帽應該是很實用的禮物。

人與人之間的緣分，有時不在邂逅的時間長短，彼此頻率相通，才是讓相遇變得美好的關鍵吧。

# 不同以往的阿拉斯加之旅

我們當時在船上，正想著下船後要去哪裡、做什麼活動，突然聽到乒乒乓乓一陣巨響，完全不知發生了什麼事情。

二〇一六年五月，我再度登上郵輪，造訪阿拉斯加。扳指算算，這已是我第九趟的斯土重遊！

很驚人的數字，我承認。但我從來不敢怠慢任何一次的再訪，總是充滿著感恩。或許也因爲一去再去的緣故，這一回，老天給予了我一趟不同於以往的旅程。

## 插曲一：郵輪撞鯨魚！

小小的插曲，一段是發生在別艘船；另一段則是我們自己。慶幸的是人船均無大礙，也才能讓我在此回憶書寫，像講述一則海上故事。

首先，是一艘隸屬「荷美航運」（Holland America）旗下的荷蘭籍郵輪「尙丹號」（Zaandam），在五月二十九日（週日）清晨五點駛進美國阿拉斯加蘇厄德港口（Seward）時，赫見一隻未成年的長鬚鯨，卡在船頭，被郵輪推著走。當時鯨魚已經死亡，只是不知牠是遭「尙丹號」撞死抑或是死後才被船撞上（據航運公司發言人表示，當日直至凌晨四點半郵輪入港前，尙丹號的船頭都未見鯨魚蹤影），所以美國國家海洋漁業局必須對拖上岸的鯨魚屍體進行解剖，以釐清眞正死因。

當時正在航程中的我們，聽聞此消息，一方面爲那隻未成年的長鬚鯨感到不捨，一方面也對這首次聞說的事件無比驚詫！撞到鯨魚！多麼不可思議的一件事！

長鬚鯨爲世界上第二大的鯨魚，體型僅次於藍鯨。一隻成年長鬚鯨，體長可達二十六公尺，更可重達八十公噸。牠們的壽命可達九十歲高齡，只是目前已屬瀕危動物；這更讓郵輪撞上鯨魚事件蒙上令人唏噓慨嘆的悲傷之情。

至於此樁事件的另一主角「尚丹號」，是一艘六．一萬噸的郵輪，船身超過兩個足球場！寫稿時，我爲此事查證資料，才知「尚丹號」曾在二〇一二年造訪過臺灣呢。

據悉，但凡於阿拉斯加海域行駛的船隻都知道：若發現鯨魚，便須改道或減速。發生如此憾事，我相信「尚丹號」的工作人員乃至乘客，心中必定都不好受。

## 插曲二：郵輪撞碼頭！

至於我所搭乘的「精緻無極號」（Celebrity Infinity）郵輪，則是不知爲了什麼緣故，竟在抵達最後一站傑西根時，撞上了碼頭的船塢！

我們當時在船上，正計畫著下船後要去哪裡、做什麼活動，突然聽到乒乒乓乓、乒乒乓乓一陣巨響，渾然不知發生了什麼事。從甲板上的船緣引頸翹首，居高臨下的俯看出去，完全看不到自己郵輪的船身，但見碼頭一片狼藉，我們的船，竟然將碼頭撞得一塌糊塗！

我搭船旅行的次數已多到數不清，卻從未遇上這等「郵輪撞碼頭」的離譜事件！

這下子，連下船也成了「不可能的任務」，因爲用來讓旅客下船的舷梯，經過這麼猛力撞擊，想當然爾：壞啦！我們下不去，只好在船上等。

不久，當地四名港警登船，調查事件原委。如此一番折騰，待他們調查告一段落，已然是下午四、五點了。我們的船必須駛離傑西根，回程還得歷經一夜，次晨預計八點抵達終點溫哥華。「既然能夠原船返航，應該只有船身外殼擦撞掉一些漆吧？」我在心中一面揣想，一面不住地祈禱船身安全無虞，無論如何，平安永遠是回家唯一的路啊。

儘管心緒不寧，爲了安慰自己也安撫親友，我還是用玩笑來降低緊張，在發送給臺北家人的 Line 訊息上，我這麼寫著：

「船長剛剛已經被我開除啦，現在換成某某某（同行的小輩）在開船呢。」

所幸，一夜平靜，我們在「只要沒事就好」的忐忑心情下，平安回到了溫哥華。

## 傑西根印象

原本對於航程最後一站傑西根，我已做好諸多安排，比如早早訂好了搭乘水上巴士「黃色小鴨」，一心想帶著從未搭乘過的親友們嘗鮮玩樂，很想讓他們體驗我曾書寫於書中的「前一分鐘還在陸地，倏忽便開進了水裡」的感覺。即便只是那支撐著棧道的一根根木樁，與每根木樁上幾乎都會停棲的白頭老鷹，這些不在傑西根便難以目睹的迷人景象，我都希望能在大家的旅遊中添上一筆難忘的回憶。未能如願，心中不免有著小小的惋惜。

至於我心目中留給自己的傑西根，則是一個適合散步的城市。那兒有間我很想再去一次的小書坊，一把破破舊舊的躺椅，上面隨意擺放著紅色的靠墊。我與女兒曾倚靠在那椅子上，手裡拿一本英文書，擺出文青樣子拍照，悠閒的印象久久難忘。我還在小店裡買了一件做菜用的圍裙當禮物，回來送給一位熱愛廚藝的朋友。

另有一年，在八月份造訪。對當地人來說，那個時節算是夏末，鮭魚洄溯。我們看到清澈無比的溪水，還有兩旁的雜林。溪邊很多樹木都往下垂，顏色與弧度無一不美。尤其樹梢的色澤，特別鮮嫩，生命的力量在陽光下清晰展現。那樣的傑西根印象停留在我心中，所以就算五月沒有鮭魚，氣溫也更加寒冷，我仍然想去散步。

## 驚險，幸未釀成巨禍

一樁船撞碼頭事件，所有旅客在傑西根的行程都泡湯了。因此船公司做出賠償，除了原本擬定參加且已繳費的各項節目全額退費之外（比如搭乘黃色小鴨水上巴士，一人費用爲五十二塊美金，依此類推），甚至也對大家做出「精神損失」的賠償：一間艙房的賠償金額爲美金三百元（通常一間會住兩人），而像我這樣單人入住的，便是一百五十美金。

這一艘九萬噸的「精緻無極號」，乘客人數有兩千餘人，林林總總的賠償項目加起來，金額已然相當可觀，遑論還有損失最爲慘重的港口碼頭，才是讓人瞠目結舌的天價吧。我簡直不敢想像船長的心情會沉重到何等地步！

再後來，有機會在網路上看到事發當時，岸上的人所拍下的影片，才知我們的船在進港那一刻，速度眞的很快，在理應緩緩駛抵碼頭時，卻未見減速，直衝船塢。想來應是來不及煞車，才造成這次幸未釀成巨禍的驚險事件。

我不由得想起之前南極行時，「南方號」奧利維爾船長在訪問中對我說的：指揮一艘郵輪，肩負數以百計的生命，肩上的責任有多麼重大！無論海上經驗有多麼豐富、資歷多深，都不可掉以輕心啊！

# 第二次的冒險挑戰

腳下那些雲杉，全都有著針尖一般的頂端。當我睜大眼睛往下瞧，腦中竟然出現突兀的自嘲念頭：「萬一掉下去，第一個遭殃的一定是我的屁股！」

旅途中，有許多「難得」的冒險。所謂「難得」，常常是僅此一家、別無分店；加之以我對自己個性的了解，膽子向來只敢在旅途中壯大……所以，每當遇上機會、在專業人士的監督保護下，我總捨不得不嘗試。心裡有個聲音不斷提醒著我：「這次放棄了，就沒有下次了！」甚至，在少數「食髓知味」的情況下，只要自己的身體狀態足堪負擔，同樣的遊戲，我樂於挑戰第二回。

乘世界落差最高滑索飛越雲杉林

比如阿拉斯加的「世界落差最高滑索」。上一次的乘坐經驗，我已記錄在《出走》一書中。當時風聲在耳邊呼號，我雖然睜著眼睛，卻始終不敢往下看。畢竟是首度嘗試，說完全不怕，是不可能的。能夠坐上去，已經覺得自己夠了不起了，親友團裡的眾男士們還不敢呢！只記得群山飛一般消逝在眼前，高速的影像如色塊堆疊。那種脫胎換骨般的爽快，讓在完成挑戰後意猶未盡的我心想：

「下一次再有機會，我一定要往下看！」

於是，趁著此番第九度造訪阿拉斯加，我真的再次坐上了世界落差最高滑索。而且，我真的鼓足勇氣，往下看了！

鳥瞰的感覺是如此不同！

腳下那些雲杉，全都有著針尖一般的頂端。當我睜大眼睛往下瞧，腦中竟然出現突兀的自嘲念頭：

「萬一掉下去，第一個遭殃的一定是我的屁股！」

再次挑戰世界落差最高滑索，我終於敢往下看了！

那個將生命交給上天的當口，盤據我腦海的竟不是恐懼，而是如此難以讓旁人理解的怪念頭！想來，人在腎上腺素極度飆升的狀態下，大概都有點無厘頭吧。

## 乘雪橇奔馳在雪上高原

又比如，乘坐哈士奇犬拉載的雪橇，也是我樂於再次挑戰的難能經歷。當我們對在天寒地凍中辛苦奔忙的工作人員表達謝意時，他們卻說：「你們應該謝的是狗狗。」而且勝出以往的是，這一次竟然允許遊客碰觸狗兒們。

可以伸手撫觸拉雪橇的大狗，已經夠讓人驚喜，工作人員甚至還帶我們去看小狗！那些圓嘟嘟的幼犬十分可愛，小到可以抱在手上，毛茸茸暖呼呼，令人愛不忍釋。據說現在飼育的已不再只限純種哈士奇，還增加了許多混種的雪

乘坐哈士奇犬拉載的雪橇，也是我樂於再次挑戰的難能經歷。（左上）
雪橇犬們就住在照片中那一個個小狗屋中。（左下）
圓嘟嘟的雪橇犬幼犬，十分可愛。（右上）
訓練、駕馭並與雪橇犬共同生活的工作人員，也是讓旅行圓滿平安的大功臣。（右下）

橇犬，就是爲了培育出牠們更強壯的體格。

狗狗自然當謝，訓練、駕馭並與之共同生活的工作人員，也是讓旅行圓滿平安的大功臣。他們往往在那裡一待就是四個月，全然的生活在冰天雪地裡，離開舒適便利的科技生活。另一方面，因爲待遇較一般工作爲高，許多當地的大學生亦將此視爲不錯的打工鍛鍊。

無論是滑索抑或雪橇，不管我飛越於峭壁杉林還是奔馳在雪上高原，凡此種種，皆成就於旅行的賜予。第二次的挑戰，因爲有了經驗做爲依據，也有遠別於初試啼聲的深層意義。很多感觸，可不是放聲尖叫的當下就能說清的啊！

# 人情之美，感動更甚

我對一隻也是木雕的蜻蜓一見鍾情，它的翅膀與身體不成比例，出奇的大。但也正因如此，格外讓我覺得充滿原始不造作的魅力。

我很喜歡朱諾這個小城，從前在書裡常常提及它。家中有幾樣擺設來自朱諾：浴缸邊的哭臉與笑臉陶偶、貌似引頸喝水的鴨子，以及一綠一紅兩隻鑄銅青蛙，全都購於此城的藝品店。不甘自賞，所以也曾拍了照寫了文章與讀者共享。

## 一見鍾情的木雕作品

旅程中最特別的收藏，便是那些在別處買不到的當地藝術品。

然而此番，再訪朱諾，迷人的藝品小店芳蹤杳然，反倒驚見滿街滿巷都已換成珠寶店，充斥商業與金錢的氣息。落寞之餘，感覺有些弔詭，很像本來熟識的朋友，幾年不見，再見時人品性格大變，讓我半點也沒有想要走近的意願。

心靈的失望與匱乏，只能靠口腹的飽足來彌補。我們一行十八人，進了一家叫做「Tracy」的店。吃什麼？都來到阿拉斯加了，當然帝王蟹是也！碩大無朋的帝王蟹，每個人至少都吃到兩隻蟹腳以上，鮮甜甘美，肉質細嫩，飽足極了。

服務生的獨門取肉法也堪稱一絕。只見他將蟹腳用一張厚紙包起，握緊拳頭一捶，再打開紙張，蟹腳已是碎裂處處，輕鬆便能食用。

也許是老天見我沒買到當地藝術品失望難掩；也或者是我心裡的嘀咕太大聲被聽見了……後來很幸運的在溫哥華遇見一位愛斯基摩藝術家的木雕作品。我相中一個四四方方的附蓋木頭盒，紅黑相間的配色，十足質樸野趣。

此外我還對一隻也是木雕的蜻蜓一見鍾情，它的翅膀與身體不成比例，出奇的大。但也正因如此，格外讓我覺得充滿原始不造作的魅力。那樣的刀工很

紅黑相間的木頭盒以及木雕蜻蜓，十足質樸，
充滿原始的魅力，令我愛不釋手。

是大膽，刻劃出的線條，雖略顯粗笨，卻也很有力量。

兩件作品都不太便宜，木盒四百五十加幣，蜻蜓則要價一百七十加幣，然而我實在越看越喜歡，再一想這兩樣東西都是別處買不到的手工創作，所以還是買了。千里迢迢將它們帶回我臺北的家，擺置在現代風格的餐桌上，卻是毫無違和感，甚至屢屢博得客人稱讚，既吸睛又兼具趣味呢！

## 旅途中遇故人，分外喜悅

舊地重遊，無非希望景物如昨；再訪老友，最怕人事已非。換言之，當我們在旅途中與故人相見，若感覺溫暖依舊，那份心頭的喜悅之情，實非筆墨所能形容。

多年前開始，許多好友陸續移居國外。加拿大溫哥華因為種種優厚的居住條件，自然成為首選。比如我的老友凌晨小姐，便已舉家遷居溫哥華多年。

這次搭郵輪前，我提早一天抵達溫哥華。凌晨十分熱情的開著她的小車，載著我與女兒到處去玩。即便天空飄著雨點，可愛的地主興致絲毫未減。反而是我，受累於時差，兩片眼皮似有鉛錘，累得連笑容也少了。

爲了帶我們母女賞遊她的「私房景點」，凌晨一路連哄帶騙，不住的對我說：「再一下下、就快到了！就快到了！」明知可能還有好一段路，但好友的盛情難卻，我累歸累，心裡其實滿滿的溫暖。撐著千斤重的眼皮，也要盡興遊覽。

所謂私房景點，眞不是蓋的。攀岩、瀑布、陡直的峭壁、美麗的水岸、停滿遊艇的漂亮碼頭……目不暇給。其中有家餐廳，我喝到了超級好喝的熱巧克力，嚐到了美味的甜點。最重要的是，遇見了餐廳裡的女服務生，不啻又是旅途中意外的一場邂逅。那位四十歲的加拿大女子，快樂富足得讓人羨慕。發自內心的爽朗笑容，感染力超強。我的一口破爛英文，居然也能與她相談甚歡。

相較於歐洲人普遍的冷淡，溫哥華的人眞的溫暖友善多了；對人也比較信任。看來，此地過去能連續多年蟬連《讀者文摘》「最適宜居住城市」冠軍，靠的絕對不只是好山好水而已。

## 老友溫情，拂去旅途勞頓

阿拉斯加郵輪行程結束，在溫哥華靠港之後，還有一天多的時間可盤桓停留。熱情的凌晨，遂又帶著我們一行眾人，搭乘遊覽車，觀光美麗的溫哥華。那一日當地下了據說難得一見的大雨，卻完全澆不熄凌晨的好客之情。只見她半點不嫌累的，拿著麥克風，一路爲我們介紹這裡那裡的風土人文。

移居加國之前，凌晨曾是著名的廣播節目主持人。她在警廣的節目《平安夜》始終擁有廣大聽眾群，國語字正腔圓、聲線迷人。節目片頭

曾是知名廣播人的老友凌晨盛情款待，帶給我滿滿的溫暖。

曲是英文老歌〈破曉〉，每當歌曲的旋律一出，立刻讓人想起那熟悉溫暖的聲音，在夜裡不知陪伴、撫慰了多少人心。如今雖然早已不做節目了，但那種屬於廣播人的天賦美嗓仍然沒變，能說善道的主持功力也絲毫未減。在她的導覽下，全車每個親友都如沐春風、遊興大增。

凌晨的另一半王教授，亦是位爽朗健談之士。當天晚上他作東，請我們吃飯，美食美景歡聲笑語……旅途的勞頓漸次消散。說真的，就算世間美景無限，論感動，也再沒有什麼比得上人情之美了！

輯四

# 驚喜・充滿無限可能的旅行

旅途中的邂逅，是不是有時也該像敲碎的磁磚、拉開的時空一般，打破既有的刻板印象，讓思緒重新流動，才能迎來更美的相知呢！

# 世界最大郵輪的美食饗宴

二十三萬噸的大船，就是活生生造了個小型的中央公園！尤有甚者，旁邊還有「第五街」！公園兩旁還有各色商店，儼然就是個迷你紐約。

六月下旬，臺北已然陷入讓人昏頭脹腦、揮汗如雨的熱浪，我在溫度稍降的半夜上了往法國的飛機，但眞正的目的地卻是——西班牙。

此行主要是爲搭乘世界最大郵輪海洋和悅號（Harmony of the Seas），登船地點是巴塞隆納。換句話說，我得在巴黎轉機。

別看我平日裡個性傻氣又迷糊，旅行的雷達一啓動，往往變得瞻前顧後、緊張兮兮。尤其轉機這種事，人馬雜沓，最怕行李出狀況；還好這次行李可以直接掛到巴塞隆納，讓我少操了不少心。後來回程時，一樣在巴黎轉機，那段時間說短不短，友人孫曉東先生竟絲毫不嫌麻煩的開了九人座廂型車來，把我們接出戴高樂機場，帶著大夥兒進行了一趟輕鬆愜意的巴黎半日遊（關於這一段，未免模糊郵輪焦點，容後再敘）。

出外靠朋友，對我這三不五時總在旅途中的人來說，眞是再貼切不過了。值得信賴的友情，無視於光陰的侵蝕；物換星移，我們從來無需擔心朋友的心意變薄。有形的財富物欲，也許會隨著世道變遷，「能省則省」；唯獨人與人之間的情感，「省」不得！無形的寶藏，反而保值。

## 不抱希望，反而驚喜連連

世界的經濟消長變遷，爲節省成本也爲避免浪費，就連頂級郵輪也在「省」。過去景氣旺盛時，航程裡總有其中一晚提供超豪華消夜。這Buffet形式的消夜，通常在深夜十一點先開放讓人拍照，接著午夜十二點開始讓乘客們享用。

我說「超豪華」，可不是信口開河。只見龍蝦、燻鮭魚……等食材，堆成小山，任君享用。水果如草莓、葡萄，全都碩大豐美。以前我總覺得還未開吃便已半飽，眼睛貪婪的看著那些其實根本吃不下多少的美食，心裡盤算著到底吃什麼好？一面又隱隱覺得那種取捨好比人生，想要的欲求的總是塡也塡不滿，但其實，眞正需要的，恐怕只有一點點。

而今，沒有龍蝦小山了，各郵輪自有折衷或其他因應措施，要不改由平面鋪排的中蝦取代、要不乾脆取消「消夜之夜」。

七、八年前，我曾經免費搭乘過同型的郵輪。那一次的航程，是船公司爲了宣傳，特地招待媒體與貴賓的「體驗試航」，航程只有三天，由邁阿密出發，走一小段大西洋之後返航。我當時對船上的餐點印象不是太好，乏善可陳；這讓旅途中仍渴望美食的我記憶深刻，於是此行便沒有對吃的部分抱太大希望。

殊不知，不抱希望，反而驚喜連連。

## 移動的海上城市

「海洋和悅號」是隸屬皇家加勒比國際郵輪公司（Royal Caribbean

高達二十三萬噸的海洋和悅號。

International）旗下的豪華郵輪，重達二十三萬噸，爲目前世上郵輪中，噸位最大者。既不誇張且最貼切的形容是：它根本就像一座移動的海上城市！

二〇一六年夏天，「海洋和悅號」首次進行商業航行，我特意選搭六月下旬的船期，就是因爲膽小多慮的個性作祟，想來相較起首航，第二趟的航行，有經驗做前導，對工作人員來說必定更加上手。

船位的部分，我早於一年前便預定了；因爲知道航程難得，必當一位難求。這一艘新郵輪，本來便是用以航行於邁阿密出發的熱帶海域，所以自首航開始的地中海航程（巴塞隆納進出），有點像是個即興的序曲，僅只至二〇一六年十月而已，其後「海洋和悅號」便不會再行駛於歐洲。果然，此番登船後聽說，直至最後一班地中海航次，已然班班客滿。

諸君可知，像這樣一艘二十三萬噸的巨型郵輪，一趟航次的旅客載運人數高達六千九百多人！此外，光是船上的工作人員，也有兩千人之譜！很難想像吧？所以稱「海洋和悅號」爲一座移動的海上城市，實在不爲過！

（行筆至此，我突然回神：不是才說要講讓我驚喜連連、盡棄前嫌的船上美食？怎麼一個不留神竟又扯遠了！誰叫這艘船眞的富麗堂皇、應有盡有；大到讓我一言難盡啊。）

## 猶如身處紐約中央公園

十天的航程，在主要餐廳（於此用餐無需另外付費）中，可享用正式的餐食。此外也有供應 Buffet 的另一主餐廳，菜色天天都不同。各式食材與琳瑯滿目的水果，全都新鮮如產地直送。每每逡巡完一圈，內心已不知天人交戰多少回；這個也想吃、那個看來也可口……最後獲勝的，永遠是心底那小小的「惡魔」欲望，嘆口氣，把好看好吃的美食悉數送下肚去。

「中央公園」旁有各式餐廳，連英國名廚傑米・奧利佛的餐廳也在此設點。（左）
照片左下方即為「中央公園」裡的牛排館，有玻璃的屋頂與落地門窗，裝潢美侖美奐。（右）

正因爲主餐廳的餐點太棒，導致船上其他餐廳的生意大受影響。所謂「其他餐廳」，指的是位於「中央公園」兩邊，包含義大利、法國、牛排館等供應各式佳餚美饌的餐館。每一間都裝潢得美侖美奐，比如牛排館，有著弧度優美的透明迴廊、玻璃落地窗門與玻璃屋頂，室外還擺放著一盆盆的大紅花朵，明媚的天光永遠不嫌多。只是這些餐廳需要另外付費，統一價格爲三十美金（約合臺幣九百元）。我每次經過都只見門可羅雀，一面想著好可惜，一面還是繼續選擇在主餐廳享用免費的超級Buffet。

「什麼？剛剛是說『中央公園』嗎？」

沒錯！您既沒看錯，我也沒寫錯，二十三萬噸的大船，就是活生生造了個小型的中央公園！尤有甚者，旁邊還有「第五街」，公園兩旁還有各色商店，儼然就是個迷你紐約。

「中央公園」花木扶疏，不說還眞不知我們身處海上。手機裡有張照片，我穿了件寶藍色的長洋裝，披了條紅披肩，坐在公園的一角，背景竟與陸地無異：藍天、綠樹、白雲。朋友們看了都說：「只是一景都這麼漂亮了，可見那艘船有多驚人！」

海洋和悅號上活生生的小型中央公園。（上）

「中央公園」旁還有「第五街」，有著各色商店，儼然就是迷你紐約。（下）

## 令人「棄守」的誘人美食

搭郵輪，想不胖，老實說是天方夜譚。諸君不妨試想，一天包括下午茶（可要求送至房間享用）與消夜，整整五頓，焉有不增重的道理！

我的早餐向來吃得不多，通常是一份水果、一杯果汁，頂多再加一顆蛋。如此飲食實非在下矯情，只不過一早起來胃口未開，吃不下其他食物而已。然而即便如此，這一趟郵輪行，我還是破了功，胖了一公斤（所幸後來回國後，因爲時差難調，好一段時間睡不好，那多出來的一公斤，便又消失了）。

怎麼能守得住呢？我甚至連從來不吃的漢堡，都因爲賣相太誘人而心動點選了。只見圓膨膨的兩片麵包中，夾著一整塊的牛肉；眞的是一整塊，飽滿到「溢」出麵包邊緣（平日我不愛漢堡的主因，便是聽聞坊間速食店多半用的是碎牛肉）；加上青翠誘人、鮮綠欲滴的生菜……最上面的是沒有蒜味的法國醬，然後我再抹上一丁點芥末……

大口咬下，天啊！飽滿的肉汁混和鮮甜的蔬菜纖維與汁液，我小心翼翼的咀嚼那軟嫩入味的美食，深怕口水不小心從嘴角滴落，壞了吃相。一面還是忍不住心想：麵包與牛肉的結合，怎能如此天衣無縫，怎能如此美味！不就是個漢堡嗎？

這郵輪上的漢堡，竟然在我回到臺北之後，仍會偶爾憶起，味蕾與舌尖仍然複誦著當時的滿足，可見有多讓人驚豔了。

# 到處充滿驚喜的巨型「歡樂船」

各式各樣精采絕倫的玩樂設施與表演節目，讓你雖在海上遠離塵囂，卻沒機會無聊。

「海洋和悅號」眞是一艘名符其實的「歡樂船」，原本設計行駛加勒比海航線的這艘巨型郵輪，充斥著各式各樣精采絕倫的玩樂設施與表演節目，讓你雖在海上遠離塵囂，卻沒機會無聊。更別說那些動輒躍入眼簾的西方美女，看來只有十七、八歲的年紀，個個胸是胸、臀是臀，既翹又挺的宣示著無敵的青春。我尤其羨慕那一雙雙長腿，甜美性感，眞是穿什麼都好看！

十年前的我，出國遇上適當場合，還會穿上泳衣，現在可是打死也不願再獻醜。一來如今的年歲，肌肉緊實度早已不復當年；二來先生沒有同行，我自認個性拘謹，不太敢袒胸露背。然而除卻以上這些「冠冕堂皇」的理由，最主

海洋和悅號上有各式各樣的玩樂設施，是艘名符其實的「歡樂船」。

要的原因，還是「自慚形穢」啊！

我半玩笑半認眞地向朋友訴苦：「你瞧，我跟她們若站在一起，能看嗎？比亮眼程度，人家是金髮，既高䠷又年輕，就像有一百燭光那麼亮！我呢，頭髮是黑的、個頭又矮，勉勉強強只有一燭光吧。」說完這話，再看看身上那襲灰色長袍，瞬間覺得自己更加黯淡了……

眞的不是我妄自菲薄啊，當熱情輕快的樂音響起，大家在街上隨著旋律搖擺身體。本來不自覺也想跟著扭腰擺臀的在下，一瞥見那些美女的曼妙身影，立刻理智的決定：還是不要動的好。

## 各項健身、遊樂設施應有盡有

有別於以往我所搭乘的郵輪，乘客年齡層普遍較高；「海洋和悅號」的客人們則是什麼年紀都有，尤以年輕人居多。常常悠閒的散個步，走著走著便見到有人正在親吻。說眞的，船上的氣氛實在浪漫，美景美食不說，舉目所見又盡是歡聲笑語，愛情受了催化，不升溫也難。

郵輪上各項健身、遊樂設施，應有盡有。

爲了滿足年輕旅客好動的需求，郵輪裡除了備有各項健身設施，以及清涼暢快的滑水道，最不可思議的是，甚至連高空滑索都有！而且完全無限於海上環境，滑索高達十層樓，驚險刺激毫不遜於陸地。如果不是因爲我已經在阿拉斯加體驗過兩回「世界落差最大滑索」，深自愛上那種飛越大自然森林幽谷的極致快感，我必定也會對郵輪上的冒險躍躍欲試的。

至於攀岩，礙於這是一項需要仰賴自身的運動，像我這麼笨手笨腳又少根筋，最有可能的後果就是像隻樹懶一般，「晾」在那兒。只是人家樹懶靜止乃因秉性悠哉，我若僵住不動，一定是騎虎難下、身不由己的那種「進退兩難」！

所以，不敢嘗試。只能仰頭觀望，對矯健如壁虎的人佩服不已。

## 精采表演、餘興節目任君選擇

搭乘郵輪，動靜皆有所選擇。喜愛活絡筋骨的人，可以靠運動揮汗排遣時光；若偏好餘興節目，也有林林總總的表演可任君選擇。表演者可都不是等閒之輩，船公司重金禮聘來的，幾乎個個身懷絕技，甚且都是前奧運選手呢！

其中最令人驚豔者，應非「水上芭蕾」與「溜冰」莫屬了。尤其後者，精心設計的燈光、服裝，結合情境的舞蹈與色彩繽紛的舞臺效果，呈現了海浪、河水等等的幻境，說是藝術品也毫不爲過。同行的朋友便在觀後無比感嘆的說：

「就算在紐約，也不見得看得到這麼棒的表演啊！」

我懂她的意思，一來紐約本爲人文薈萃的世界藝術之都；二來如我前篇所言，此艘巨船上活生生複製了一座包含「中央公園」「第五街」的迷你版紐約城，此話一出，等於一語雙關的頌讚了節目的精采難忘。

不過也有可惜的：在跳水表演中，不知爲什麼，竟將前面好幾排的座位都圍起來，不讓人進入。於是觀眾們只得在一定距離外，如同看路邊雜耍般遠觀。那些技藝精湛的表演者，雖然展現了絕技，但因爲節目編製得不夠嚴謹、橋段過於粗糙，搞得倒像鬧劇一般，滑稽突梯，平白糟蹋了奧運水準的傲人身手。看在我們這些素人眼裡，只覺表演者被消費了，十分不忍。

此外，船上的大劇院，日日都有歌舞秀可看。我因爲晚上容易累，總早早

回房休息，便沒有多加欣賞。

## 休閒娛樂的至高享受

有座橢圓形酒吧，四角有柱子環繞，紫、藍、粉紅的光線交織，聲光迷離。這酒吧每隔十五分鐘「上升」一次，直升至五、六層樓高，非常具有噱頭，年輕人甚是喜愛。我雖然沒進去體會「飄然欲仙」的感覺，但僅只是手機裡的酒吧外觀照片，已讓朋友們驚呼「好特別」「好漂亮」了。

郵輪上另有一件日常小事讓我滿懷謝意與欣喜，便是那由打掃房間的服務生所折疊出來的毛巾擺飾。有時是大象，有時是猴子，不一而足；只是利用兩、三條毛巾，在他們的巧手擺弄下，總是能變身成維妙維肖的可愛動物。這些毛巾動物端置於床上，回房時一眼瞧見，很能療癒旅途的疲累。

所以我總不願草草將它們解開，除了用手機拍下留念，還會小心地將它們移至房內其他地方（比如桌面）。雖然擺個幾天之後仍會散開，但至少可以讓服務人員知道，我很珍惜他們的手藝。

二十三萬噸的一座海上移動城市，徜徉波濤萬頃間，隨著潮汐漲落，眞是讓人見識了拜科技所賜，人類在休閒娛樂方面的至高追尋與享受啊！

打掃房間的服務生折疊的毛巾擺飾，總是令我滿懷謝意與欣喜。

# 旋轉木馬邂逅

正尷尬著，轉臺開始啓動了，我就這麼與一位素昧平生的西方男士，一起「困」坐在一張旋轉木馬臺的長椅上。

那一天，在郵輪上吃完晚餐，我一改素來直接返回艙房休息的慣例，與家人、好友慢慢散步，心情閒逸得不得了。

行至一處旋轉木馬旁邊，整個轉臺上只有一張公園椅，其他全是漂亮的木馬。我一時童心大起，心想既是旋轉木馬，怎有捨馬就椅的道理？當下對那張長椅實在不屑一顧。

怎知那日我因爲穿的是件長裙，不便跨上馬身，只得側坐。不多時便有位女性工作人員朝我走來，笑咪咪的表示，這樣太危險了。然後她帶著我往剛剛那張公園椅走……前一分鐘明明空無一人的椅子，眼下卻大剌剌的坐了位蹺著二郎腿的外國男士。見我走來，他立刻放下腿，手也放好，規矩端坐就像個小學生。

我的英文不好，根本不敢隨便開口交談。他礙於禮貌，也不便太過主動。正尷尬著，轉臺開始啓動了，我就這麼與一位素昧平生的西方男士，一起「困」坐在一張旋轉木馬臺的長椅上。

## 一個小動作，破除了尷尬與羞赧

爲了打破尷尬的氣氛，我拿起手機，轉過身去，對後方騎在木馬上的舍弟與朋友說：

「來！我幫你們拍照！」

小小一個動作，眞的像靈丹一般，克服了我心中無謂的羞赧。拍了親友，接著我返身坐正，再度舉起手機，對鄰座男士笑一笑，用最簡單的英文問他：

「May I?」

外國人嘛，大方是天性，對方欣然應允。我手太短，鏡頭舉得不夠高，拍

我與陌生人的笑容，就這樣凝住在這張自拍照中。

不了兩個人的全景，那位男士見狀，立刻慨然出手「搭救」，只見他長手一伸，我的手機完美的被舉向了半空。不知爲什麼，我笑不可抑，只得舉起手稍微擋住口鼻，深怕咧嘴露牙的樣貌毫無遮掩的進了鏡頭裡。然而心裡知道，那一剎那我的笑容必定單純又自然，就像回到了小時候；那完全沒有半點矯揉做作、沒有世俗功利，只有眞心誠意的年紀。

人啊，打滾於塵世，爲求攀高、爲求生存，在脫離童年之後，又能有多少時候，可以有幸一笑解千愁？我萬萬沒有想到的是，竟於郵輪旅行的中途，在一位語言不通的陌生人身旁，只因爲一張自拍照，便獲得了最單純的快樂。

時間彷彿凍結了，我與陌生人的笑容，就這樣凝住在那張照片裡。畫面中的我遮住了過於開心的嘴巴，掩不住眼角的眞誠幸福。配上旋轉木馬臺上那流離炫爍、恍若時空交錯的光之線條；如果是電影，必定是一幀黑白定格，恰似那靜止於海洋中的光陰。

## 一張自拍照，凝結了最單純的快樂

正當我沉浸在純眞的感動中時，轉臺緩緩降速，終至悠然停下，一個稚齡的男孩兒突然從我坐的長椅下方鑽出來，開心的用外文大喊「爸爸」！原來那男士的妻子小孩，剛剛都坐在後面的旋轉木馬上呢！

哎呀！我眞是不好意思極了！幾秒鐘前還在跟人家自拍呢，太羞啦！一下子臉紅到耳根，連禮貌也不及顧，急匆匆地便下了轉臺，只想趕快找個地洞躲起來。

我弟弟大概瞧著這姊姊太好笑，忍不住對我說：「妳跑什麼跑啊？國際禮儀都不管了！」

我承認，自己當時的行爲舉止還眞像個七、八歲的孩子。但轉念想想，偶然的大發童心又有什麼不好？反而更像接收了上蒼賜予的小禮物。幸運又幸福的我，充滿了喜樂，像這樣完全無需交談、沒有任何利害關係的一場「旋轉木馬邂逅」，實在至眞至善，令我感動莫名！

# 深入了解，才算「看懂」

即便是一幅自以為已經熟到不能再熟的名畫，若不知畫家本意、忽略暗藏的寓意與玄機；又或不識畫中人物彼此關係，便實在稱不上「看懂」一幅作品，充其量只是浮光掠影、斷章取義罷了。

多年前出過一本郵輪旅遊書《走，我們坐船去》，對於郵輪旅行的種種，自是如數家珍。也因爲熟悉，遇上自己不特別有感或已然閱歷無數的城市，便可以當機立斷做出取捨，留在船上自在消磨一日，其實未嘗不是另一番幸福！

這一回搭乘「海洋和悅號」，時值六月底，氣候炎熱。航程中，我有兩站的停靠點沒有下船。其一是羅馬，另一則是卡布里；都是我已造訪多次之地。前者因爲氣溫太高，我這怕晒的人實在無意跟著大夥揮汗重遊，加上同行的妹妹身體不適無法下船，我留著剛好可以陪她作伴。至於名聞遐邇的卡布里島，放棄的原因非關天氣，也不是不愛，而是十年前託了好友的福，已擁有最棒且難以超越的經歷——

## 無可取代的幸福經驗

那一次的旅程，外子同行，還有我們的老友孫越夫婦。當我們乘著小船，隨著海水溫柔的晃漾進了「藍洞」，浪漫的孫越，竟從口袋裡拿出一路藏著的口琴，悠悠的吹奏起〈望春風〉來！

多麼棒的驚喜！

在宛若天然藍寶的海水折射與掩映中，熟悉的民謠旋律，悠然迴盪……我已知，這必將是無可取代的至高幸福，既然如此，那麼日後的旅程，又何苦無謂虛擲？

話說回來，除卻未下船的兩站，其他停靠點我則是玩得不亦樂乎。比如佛羅倫斯，雖說早已不是首度造訪，但向來對美術館無法說不的我，那座擁有波提切利〈維納斯的誕生〉（Nascita di Venere）、卡拉瓦喬〈酒神〉

〈Bacchus〉、拉斐爾〈金翅雀的聖母〉〈The Madonna of the Goldfinch〉……等無數傲世館藏，集文藝復興大成的「烏菲茲美術館」，則是此城永遠去不膩的最大原因。

尤其此番，我們好幾個朋友合資，請了一位非常超值的導覽專家，在兩、三個鐘頭的時間中，她口若懸河的跟我們說了許許多多關於名作的背後祕辛或畫中故事，精采至極。聽了她的解說，「原來如此」的回應此起彼落。我不免深深覺得，即便是一幅自以爲已經熟到不能再熟的名

擁有無數傲世館藏，集文藝復興大成的烏菲茲美術館。（左）
即使很熟悉的畫作，若不識畫家本意或畫作背後寓意，便稱不上「看懂」。（右）

畫，若不知畫家本意、忽略暗藏的寓意與玄機；又或不識畫中人物彼此關係，便實在稱不上「看懂」一幅作品，充其量只是浮光掠影、斷章取義罷了。

## 建築背後的有趣歷史

佛羅倫斯最有名的建築，應屬橫亙於阿諾河上那座散發濃濃懷古味的維琪奧橋（Ponte Vecchio，別名：老橋）。此座石造拱橋建於中世紀，至今仍有許多珠寶店與紀念品店開設著；而最初這些橋上的店家多半是肉鋪。令人意想不到的是，就連老建築也有聽來既危險又趣味橫生的歷史故事。導覽小姐告訴我們，以前義大利的行政官，爲了趕時間，會捨棄總是人滿爲患的老橋，改走紅磚鋪建的屋頂呢！

「屋頂？」眾人聞言不禁紛紛驚呼：「那樣尖尖斜斜的怎麼走啊？不怕摔死嗎？」

「不是自己用腳走，」導覽小姐解釋：「行政官大人是坐在轎子裡，由轎夫扛著疾行於屋頂的。」據說那樣的方式非常省時，沒有半個行人的屋頂，自然暢行無阻。可以想見古時義大利的轎伕們，身強體健之餘，或者還擁有如金庸小說裡，那些武林人士飛簷走壁的功夫。所謂「高手在民間」，眞是古往今來不變的眞理。

只是，看著那又尖又斜的紅磚屋頂，聽著導覽小姐生動的描述，無論如何還是覺得腳軟，很想爲那古代的義大利官員與苦命的轎伕捏把冷汗啊！

扛著行政官轎子的轎伕，
就是走照片中央那又尖又斜的紅磚屋頂，
來避開人滿為患的老橋。

# 改寫巴塞隆納印象

時隔七、八年，記憶已然在歲月的沉澱下模糊、遠去，久違的新鮮感又回來了。

我對巴塞隆納的感覺很「曲折」，認眞形容起來，接近所謂「見山是山、見山不是山、見山又是山」的過程。

最初造訪，當然一切新鮮，關於西班牙的諸般風情，都覺得既特別又迷人。然而之後幾年間，去的次數多了，所見所聞一再重複，不免疲乏。我只記得海灘上美女如雲，街市上海鮮店很多。最有名的蘭布拉大道上人潮洶湧，充滿各式各樣街頭表演……多年前，曾有一段時間，提到巴塞隆納，我便意興闌珊。有一年搭郵輪，我甚至脫口而出：「怎麼又在巴塞隆納上船呀！」

## 只看一幅米羅，便覺不虛此行

然而這一次，因爲搭乘「海洋和悅號」，登船與下船港口也都是巴塞隆納，所以便順勢利用登船前的兩整天，一遊巴城。時隔七、八年，記憶已然在歲月的沉澱下模糊、遠去，久違的新鮮感又回來了。另一方面，帶著首度歐遊的幾位親友，託他們的福，也讓我感染到那份隨時隨地皆興味盎然的喜悅。於是，這西班牙第一大港，再度深入我的旅人魂，更新了心中塵封的那一頁。

先說說米羅吧。

我一直熱愛著米羅的作品，家中還收藏了幾幅海報裱框，也有他的畫冊。很多人說看不懂米羅，對於他那如孩子般的塗鴉，只覺趣味、無法有所共鳴。其實，我對他才華的渴慕之心，也不是一蹴而幾的。猶記得最初造訪巴塞隆納，不是爲了看米羅，而是爲畢卡索而去。只是，隨著年歲增長，米羅的自由與解放，更加在我心中形成了美妙的平衡。大師的技巧當然不用說，他那不在學院範圍內的自我風格，有著濃濃「古錐」氣質的個人語言，深深令我著迷。

對於藝術品，沒有取捨的拉鋸，不是喜歡了一個，便代表必須放棄舊愛。

儘管熱愛米羅，我仍然喜歡畢卡索；仍然會爲了梵谷，一次次專程飛去荷蘭。相較於大家，我絕不特別聰穎，說不定還更笨些。只是我不怕重複，一幅看不懂的畫、一件看不懂的雕塑，我願意看上好幾遍，直到理解了創作者的心聲。

米羅博物館不大，嚴格來說甚至算小，然而十分精采。我因爲太喜歡、太佩服，激動起來便手腳冰冷；不過才進去一會兒功夫，就不停聽到我在喃喃碎唸：

「怎麼可以這麼棒……怎麼可以這麼厲害……」

有幅作品，約有三扇落地窗那麼大的一張巨型帆布，其上以麻繩穿之，這裡一個、那裡一個，不規則的繩結看似隨意，其實自成邏輯與趣味。無論是繩結的打法，抑或是穿繩打結的

米羅有著濃濃「古錐」氣質的個人語言，深深令我著迷。

位置，都足以讓觀者興味十足。所有的穿透與繫綁之處，好像興之所至，其實莫不經過精密的計算，以符合力學，讓整幅巨作不會歪斜，也不致散垂。我看得嘖嘖稱奇，心中泛起由衷的感謝，深自覺得僅此一幅，便美麗得讓我不虛此行。

## 再看高第，依舊令人折服

再說高第，聖家堂眾所皆知，從前我的旅遊書中亦已書寫過，所以此番我的參觀重點擺在高第的另一傳世鉅作——米拉之家。

米拉之家坐落於巴塞隆納市區裡的格拉西亞街上，是高第生前最後一個私人住宅設計作品，至今已超過一百多年。當年便是因爲米拉先生非常欣賞高第的建築才華，新婚時便請高第爲其設計私宅。

米拉之家奇特又夢幻的外觀，已成爲巴塞隆納地標之一，遊人莫不到此朝聖。它的陽臺曲曲折折有若波浪，還有人傳神的形容爲「退潮後的沙灘」；內部閣樓的拱廊則像極魚骨。我們一邊穿行其間拍照留念，一邊爲一百年前高第的巧思處處折服。比如閣樓的採光，在拱形的框架、磚頭與磚頭之間，因爲層次，光線自然透出，既柔和又美麗。

又比如隔熱，刻意挑高的閣樓屋頂，便是爲了隔熱的考量。早在一百多年前，這偉大建築師的作品已是如此深思熟慮，科學與藝術兼而有之，委實讓人嘆服！

至於高第設計的「奎爾公園」，亦是不可錯過的驚世傑作！它位於巴塞隆納格拉西亞區的厄爾卡梅爾山上，建於西元一九○○至一九一四年，已被聯合國教科文組織列爲世界遺產。

米拉之家內部閣樓拱廊的魚骨結構，令人折服。

宛如童話城堡的奎爾公園，色彩鮮豔明亮，一百年前的高第，將打碎的磁磚重新拼湊，築建出美不勝收的景致。徜徉其中，處處皆是拍照首

米拉之家奇特夢幻的外觀與如波浪般的頂樓陽臺。

選。陽光晴暖的日子，奎爾公園更是亮麗活潑有如一個光明奇妙的未來。

## 因藝術而不斷啟程的旅行

高第的作品，直到一百多年後的今天，仍然向世人宣告與證實著：眞正偉大的藝術創作，絕對不是死板的教條與無聊的框架所能束縛的，藝術家天馬行空的美麗思想，正有如打碎重組的彩色磁磚一般，充滿無限的可能，永遠是不可拘束、不可局限，無限奔放的。

我的旅行，總是因爲藝術而不斷啓程。

如今的巴塞隆納印象，一則受惠於久違的再訪；一則受惠於百餘年前偉大傳世的藝術，重新在我心中改寫。我因此有了豁然開朗的體悟：

旅途中的邂逅，是不是有時也該像敲碎的磁磚、拉開的時空一般，打破既有的刻板印象，讓思緒重新流動，才能迎來更美的相知呢！

# 巴黎的遺憾，臺北的圓滿

親友們無不對花都留下浪漫美麗又意猶未盡的最佳印象，至於我自己，意猶未盡的感覺則全留給了那條皮裙……

地中海的郵輪之旅圓滿結束後，我們又從巴塞隆納飛返巴黎。這一回在巴黎的轉機時間大約有半天，我的巴黎友人孫曉東先生非常熱心的陪著大家，讓首次接觸法國景物的我的親友們，在短短的時間裡，見識了豐富的巴黎風采。

班機在下午兩點半抵達戴高樂機場，回臺的航班安排在次日中午，直到午夜十二點回過境旅館休息之前，將近有八個小時足堪利用。孫先生特意開了九人座小巴來接我們。四點半進了巴黎市區，隨即展開精采的體驗巴黎半日遊。

## 一見鍾情，卻緣慳一面

巴黎鐵塔、陸軍博物館（最有名的是拿破崙之墓）……對於首次造訪巴黎的旅人來說，想看的該看的，孫先生都帶著大家一睹為快。他甚至連「坐在看得到巴黎鐵塔的地方喝咖啡」這麼經典的行程都設想到了。

於是，趁著親友們沉浸在法式浪漫，品嚐著美味咖啡之際，我小小的脫隊「出走」，利用近兩小時的空檔，一個人到蒙田街閒逛。

走著走著，瀏覽了許多美麗的櫥窗。身為世界時尚之都的巴黎，盛夏時分，已在展示著秋冬的流行。僅只是隨意走逛，我便已然獲得了不少與美相關的資訊。無論來訪巴黎多少次，這個城市永遠都令人驚豔！

暮色漸攏，我走到一間服飾店門口，突然看見櫥窗中一條異常美麗的皮裙，我只能說，一見鍾情！無論顏色、樣式，都是我最愛的。皮裙多半都是短裙為主，長裙較稀有，它長及腳踝，帶著魚尾，配上低調沉潛的黑色。我才看它一眼，已經開始在心中盤算理想的穿著與搭配方式：這是我多年來的習慣，遇見喜愛的衣飾，我便會與之「對話」。我心想：這麼優雅的皮裙，可以穿上白襯衫、打上一條帥氣的黑領帶、再搭配我衣櫃裡那件三十年歷史的皮夾克；或者我也可以用高領毛衣，襯托小羊皮本身的質感，鞋子的話，應該是高跟短筒靴吧……總之那裙實在太美又百搭，我很想仔細看一看，問問它多少錢……

那家時裝店門前有個優雅的小階梯，我正興奮的拾級而上，剛踩上最後一階，店內有位先生，走上前來，拉下了鐵門。

原來，時間到，打烊啦！

我跟他，隔著那個有網眼的鐵門。對方看著我，用英文說：「Closed.」沒有半點商量的餘地。

## 再見傾心，怎能錯過？

巴黎下起雨來，孫先生帶傘來接我，雨中的巴黎，更成了名副其實的「霧都」。我與那條黑色長皮裙算是緣慳一面，談不上可惜，旅行中的緣分，本就難以強求，還是好好跟大夥吃頓巴黎晚餐要緊。

飯後，孫先生帶著大家登上一座高樓，欣賞巴黎夜景。從這兒，有著絕佳的視野，還能看見每一個整點都會放亮光的巴黎鐵塔。即便雨後的巴黎為夜霧籠罩，依然有著與世上其他城市不相重疊的美麗。

我們一路在郵輪行程裡都處於炎熱的氣候中，有時甚至達到三十幾度高溫。到了巴黎、再遇上下雨，氣溫連降好幾級，溜滑梯似的直落至十五度。早前我便有經驗的不斷提醒大家要注意保暖，但顯然一眾親友很難從前面的高溫印象中抽離，穿得還是偏少了些，果不其然，一個小輩就感冒了，回國後，據悉她足足耗了兩週才痊癒。

如此盡興的巴黎遊，我實在由衷感謝孫先生費心的安排。親友們無不對花都留下浪漫美麗又意猶未盡的最佳印象，至於我自己，意猶未盡的感覺全留給了那條皮裙……

然後，就在回臺北之後的某一日，在某間服飾店的櫥窗中，我又見著了：模特兒身上就穿著那條黑色長皮裙！

一見鍾情、再見更傾心！更有意思的是，店員說，此裙因爲款式少見，全臺灣就只進了這麼唯一一條！我再問尺寸，您猜怎麼著？正是在下的號碼！

還能說不嗎？我當然買了！那一日巴黎蒙田街的遺憾，想不到竟然在家鄉臺北，成就了圓滿的結局。也許，充滿著各種各樣「邂逅」的人生，眞應了那句老生常談：不是你的，強求不來；是你的，千山萬水也跑不掉啊。

輯五

# 感恩·接受與付出的幸福體驗

在那些布滿了護照的出入境戳記裡，
重複累積的各式各樣「邂逅」，
恐怕再多再大的行李箱也裝不下……

# 見證完美東京婚禮

首次出席的東京婚禮真的讓我心悅誠服。充滿了靜謐、祥和的氛圍，完全不見中式婚禮的吵雜熱鬧，反而更讓人感動。

我喜歡嘗鮮，而且從來無畏年歲，世上任何好吃好玩，不知則已，一旦聽聞，就難耐想要親身體驗的心。有時我甚至自嘲的想：怎麼近幾年似乎越來越愛玩了呢！

然而想動、能動，畢竟是好事。至少代表身體健康、對生命充滿好奇。

比如日本，一直是我喜愛的國度，每年總要去上幾回。四季的美景吸引我、堅持傳統抑或推陳出新的美食吸引我、人文工藝吸引我。

## 搭私人專機的機會，豈能錯過！

即便如此，關於日本，我還是有太多太多未見未遊未知。婚禮便是其中之一。

旅途中，當然不乏遇上婚禮的情況，但說到參加在日本舉行的婚禮，以賓客身分親身參與，倒是從未有過。

所以，當朋友提出邀請，說是要爲女兒在東京舉辦婚禮，我根本未及考慮，便歡喜的答應下來。

首先，新娘的母親，向來是我十分欣賞的一位女性。與另一半胼手胝足、白手起家的她，個性爽朗大器。我常說，只要遠遠聽見她的笑聲，無需照面，便知道此人必定快樂幸福。套句時下的流行用語：她眞的是充滿正向能量的人！

再者，包括我與外子在內的諸位受邀賓客，竟是要搭乘女方主婚人所擁有的私人飛機赴日！這等尊榮待遇，更是我從未奢想過的！

所以，當然欣然接受這難得的邀請。

誰知喉嚨發炎竟在此時前來攪局。本來約好了應該在九月二十九日出發，但我連日忙碌，疏忽了休養生息，就在出發前夕累倒了。高燒飆到三十八．五度！我心想這體溫恐怕非得在機場被攔下不可。為免影響大家的行程與興致，我便先留下，改搭次日的全日空班機飛羽田；至於外子則依約如期赴日。延遲的這一天，我拚命服用好友 Pauline 火速替我張羅的枇杷膏、枇杷粉、蜂膠，以及退燒藥。真的多虧了她，吃了良藥之後很快就見效，如此這般，我才得以在次日順利登機。

## 千金難買的微小幸福

婚禮定於十月二日舉行。九月三十日抵達日本後，我不敢再輕忽大意，乖乖待在旅館裡休息，果然讓身體漸漸回復了元氣。能夠神清氣爽參加盛事，實在感謝老天，也卸下心中大石。

十月一日在連續九年獲得米其林三星的神田餐廳，女方主婚人設宴款待眾親友。席設兩桌；一為大桌、一為吧檯。這家極棒的三星餐廳之前我便曾光顧一次，亦是託同樣的主人之福，印象非常之好。此番再度受邀於婚禮之前，心情上尤其輕鬆，自然更能好好品賞那精緻美味的極品料理。

美食吸引人，更讓我目不轉睛的是嘉賓們。眾賓客中有位身材高挑的女士，身穿磚紅色的香奈兒套裝，配戴的戒指與耳環都是透綠的翡翠，僅憑目測便知價值不菲。重點是我從未見人能把香奈兒穿得如此適切好看，她雖高，身形卻十分窈窕，所以套裝穿起來毫不顯豐腴，反而有種纖細的優雅。人本身的質感，將名牌的霸氣調和成舒適怡然。

衣服眞是要看人穿的。當下我不免自嘲的想：同一件套裝，要是穿在自己身上，怕不成了滑稽的笑話一則！

婚禮定於次日下午四點舉行，我為了把握白天時間好好休息，沒敢再出門亂跑。先生則是趁著初秋的涼爽，一個人到附近散步；他甚至興致盎然地去逛了超市。回來對我說起途中見聞，描述日本尋常人家對於居家環境的布置，「就算是一個小小的院子，他們也弄得好漂亮。種一株李花，或者是一棵杏樹，就讓整個房子生氣蓬勃！」

平日裡案牘勞形、日理萬機的外子，難得在放下公事的片刻，看見了平凡的美景，感受到千金難買的微小幸福。聽著他與我分享的那幅畫面，由衷覺得，快樂其實很簡單。只不過散個步而已，快樂就不請自來了。

## 靜謐祥和的婚禮，更令人感動

婚禮當天下午四點整觀禮，許多賓客為了與晚間婚宴做區隔，都另外準備衣服穿著，我則是一套到底，觀禮與婚宴是同一套禮服。還好那件衣服雖正式，卻不致過於張揚，在下午的觀禮場合並不會失了分寸。為免與別人撞衫，我特別穿了件自己設計的白色禮服，平口的船形一字領，袖

穿上自己設計的禮服，參加精緻的東京婚禮。

口有垂墜感，微微露出裡面縫綴的葉子與珍珠，稍增浪漫。既是禮服，不好因爲外套破壞美觀，所以我帶了件白色披肩以禦寒。手提包則搭配用了將近十年的編織包。怕它太樸素，我特地選了一只胸針，斜斜地別在皮包角落，另外再繞上一條項鍊，製造出懸垂的感覺。

這美麗的婚禮在五星級的東京皇宮酒店（Palace Hotel Tokyo）舉行。十月初的日本氣溫有剛剛好的涼意，時序雖已入秋，卻又不顯蕭瑟。藍天白雲，空氣中瀰漫的幸福像是隨手便可掬起滿滿一把。

新娘新郎自堂皇的拱門下步出，兩人臉上的幸福甜蜜感染了在場的每一個人。牧師全程以英文證婚，賓客中有許多西方人士，整場典禮都是在英語的環境中進行。據悉，新人雙雙都是在海外讀的書，這亦是婚禮選擇於東京舉行的主因。

首次出席的東京婚禮眞的讓我心悅誠服。充滿了靜謐、祥和的氛圍，完全不見中式婚禮的吵雜熱鬧，反而更讓人感動。晚間的宴席亦非常特別，座位設計排列成一個大ㄇ字型，圍起的中央剛好做爲舞池。請來的樂隊與歌手恰如其分的專業演出，讓婚禮更加生色；曲目都是英文歌。

現場布置以白、綠、金三色爲主。潔白的花朵從金色的枝枒間綻放，間或襯飾著清新的綠葉；桌面點綴著白色花瓣，既浪漫又美麗。燈光的角度尤其優雅，間接自下方投射，加上蠟燭，營造出溫暖皎潔卻毫不刺眼的光芒，人影綽綽，樂聲悠揚，身處其中，眞的連舉止都會不由得細緻起來。

## 世間美好，不應有貧富之分

新娘當晚共換了三套禮服，無一不美，迷人的笑容更是傾倒全場。我注視著眼前的一對璧人，想

婚禮現場的布置以白、綠、金三色為主，既浪漫又美麗。

起自己以前本來頗爲排斥的一句話：「門當戶對」。如今隨著年歲與閱歷的增長，卻越來越覺贊同。因爲這代表著相近的成長背景、相近的價值觀、相近的社經地位等。如此在婚後的相處以及兩方家人的往來上，比較不用耗費時間磨合，簡言之，就是不致那麼辛苦。不是門當戶對，當然也會有美滿的婚姻，那是雙方都願意溝通磨合。

開朗的女主婚人，穿一襲寶藍色的禮服，與先生一起招呼賓客，無微不至。我素來知道他們夫妻感情甚篤，兩人幾乎焦不離孟。如今事業有成，又都喜愛旅行，所以他們便與好友合資買下一部十七人座的私人客機，雙方每年各可飛行三百小時。

說到此，我不覺感嘆，人與人之間，總是充斥著太多的猜忌與比較。許多人排富甚或仇富，卻從不願意細究自己莫名排斥的理由。其實有錢人不見得個個含著金湯匙出生，有許多富豪眞是一磚一瓦打下江山，只是其人的辛苦與血汗，是揮灑在我們不知道的地方罷了。

羨慕與嫉妒之間，往往只有一線之隔。所以，也許你我無需羨慕，但我們應該學著欣賞。正如此番在東京婚禮上，我所見識到的那些令人目不暇給的珠

即使頭髮被風吹亂，仍吹不走搭乘私人飛機的興奮心情。

寶一般；我沒有妒羨之心，卻願意全心全意欣賞它們的光燦與美麗。不是有句話說：「美麗的事物是永恆的喜悅！」世間的美好本就不應有貧富貴賤之分，但凡美麗的，抱持一顆平和喜樂的心，好好的讚嘆欣賞，豈非樂事一樁？

## 終於登上私人飛機！

話說回頭，去程的私人飛機因爲我發燒沒搭成，婚禮結束後的回程飛機，當然不能再錯過，開開心心的與外子聯袂坐上了。

那天，一登上私人飛機的小樓梯，羽田機場的風一陣掃來，把我的頭髮給吹得亂七八糟。但因爲心情實在既興奮又愉悅，所以也不覺掃興。十七人座的飛機，除了一般座位，後面還有可供平躺的位置。起飛後，聽著大家熱絡的聊著建築、財經，看著天空中掠過的白雲，心裡眞的深覺感恩。我相信自己必是有福之人，才能一直有賞不盡的美景、吃不厭的美食、受用無窮的親情與友情。東京婚禮之旅，就在藍天白雲的擁抱中，畫下甜美的句點。

# 驚心動魄杜拜跨年行

行前訂飯店，因為太晚訂，本來欲投宿的飯店沒有適合的房間，只能改訂別家。怎知這一改，陰錯陽差的避開了大難！

南極回來之後，我對自己的旅行能力信心大增。明明去了二十餘天，卻半點不覺得累。不止於此，休息十日左右，一個全新的旅行念頭又跑進腦海；是我從未做過的嘗試——

我想到杜拜跨年！

悉心安排的驚喜，卻在最意外處被破了功！

縱使這些年我跑遍世界各地，但從來沒有在國外跨過年。也許是南極行讓我精神滿足，一旦動念心起，擋也擋不住。

我想給兩個妹妹驚喜；帶她們一起去。

主意既定，時間又很趕，我立刻與旅行社聯繫，麻煩他們替我訂機票與飯店住宿。我騙妹妹們說：「姊姊帶妳們去香港跨年！」

實情是，我要帶妹妹搭乘她們嚮往已久的阿聯酋航空的A三八〇客機，但因爲那架班機沒有停靠臺灣，必須先到香港才能轉搭，所以暫且先說是香港。妹妹們不疑有他，畢竟，可以與我到國外跨年，已經令兩人十分興奮開心。

誰知道這樣的驚喜，竟在最意想不到之處被破了功！

本來我一直隱瞞得很好，但當我們在桃園機場辦理到香港的登機手續時，櫃檯小姐好心的提醒，沒注意我的表情，直說到了香港之後，要如何如何，才能順利搭上A三八〇。

我一聽，差點沒暈倒。跟在我身旁的兩個妹妹早已聽得一清二楚，瞞也瞞不住了；我嘆口氣，對那位小姐說：

「小姐啊，妳知道嗎，我安排的驚喜，全被妳給破功了啦！」

她非常尷尬，一疊連聲的跟我道歉。我只能苦笑。

至於妹妹們，雖說提早知道了我的安排，仍然感動得「雞皮疙瘩都起來了」！

## 陰錯陽差避開大難

我打算在杜拜住四個晚上。行前訂飯店，因爲太晚訂，本來欲投宿的「地址飯店」（The Address Hotel），說是已沒有兩張床的房間，只剩一張大床的，於是只好改訂別間。

怎知這一改，陰錯陽差的避開了大難！

我們在跨年夜的前一日抵達，下午就在飯店附近隨處走走，十分輕鬆；次日白天亦同。我們所住的飯店，與原本欲住的那間隔了一座 shopping mall，其內大多賣些傳統阿拉伯式的物品。就算沒興趣買點什麼，在異地跨年，隨興遊逛，心情自是分外不同。

跨年夜，我穿上了窄裙小禮服，披肩、四吋高跟鞋，與妹妹們開開心心的到預定好的飯店餐廳，準備用膳。因爲是跨年夜，處處衣香鬢影，好不熱鬧。

我們先欣賞了精采的肚皮舞，一邊享用 Buffet 。姊妹們說說笑笑，等著杜拜第一高樓哈里發塔的倒數煙火施放。

正奇怪室內客人怎麼突然變少，飯店人員就過來請我們撤離，這才知道鄰近哈里發塔的那間五星級地址飯店出事了！

## 多舛跨年夜裡的美好回憶

當我們循著指引走到室外，行經長長的阿拉伯式庭園，我猛然回頭，看到那棟原本要訂的飯店大樓，正冒出熊熊烈火。霎時間，我忍不住崩潰大哭。

我想到九一一事件，想到此刻也許有人正在跳樓，所以痛哭！

我與妹妹、朋友手拉著手，虔誠的禱告，後來得知，無人喪命，總算放下心中大石。

那一晚，我們總共自飯店撤離了整整七小時！我穿著窄裙、高跟鞋，在杜拜的大街上，無處可去。站在巷口，仍可看到那高塔的角落，不住的冒出火光。

那景象，如今想來，仍然心有餘悸。

還好朋友身上帶著一點錢，我們進了一間咖啡館，後來又換一間披薩店，實在不知如何才好，但畢竟店家也必須打烊。當時已經半夜兩、三點，最後是一間小型的旅館開放了他們的大廳，讓我們這些受驚的旅客可以上上洗手間、喝點水，也讓孕婦與老人可以歇息。

那眞是多舛的跨年夜裡，最美好的一段回憶。

## 感恩、惜福，更甚從前

直至凌晨四時，我們才被允許回到安全無虞的飯店。此時看到飯店院子裡

遠遠望見原本要訂的飯店大樓，
正冒出熊熊烈火，實在怵目驚心。

的灰燼與玻璃碎片，都是從著火的那棟建築物飛過來的！眞眞怵目驚心！也才明白，事發當時，雖然我們的飯店沒事，但疏散與撤離旅客，實爲必要且明智之舉，否則眞的十分危險。

我每每想到，老天對我的眷顧，便不禁激動。若出發前眞的訂成了那間飯店，今日又會是何番光景？若妹妹們因我的邀約而有任何閃失，我又何以自處？再說那可怕的火災，若眞奪去了任何寶貴的性命，這二〇一五年的杜拜跨年夜，於我們姊妹，又會是如何一場揮之不去的夢魘！

所以，我感恩、我惜福，就在這一場驚心動魄的跨年之後，更甚從前！

# 在旅途中傳遞愛

小小的心意，若能帶給別人大大的快樂，何樂不為？

旅途中，防人之心當然不可無，這是安全考量。但當自己想對陌生人伸出善意的手時，就無需將心門關得太緊，否則，如何將愛傳出去？

有一回，我在巴黎，臨時需要買一只皮箱，當地友人孫先生遂陪我上街尋覓。皮箱是沒費多大功夫便順利買到了，重點是那賣皮箱給我的店員十分特別。二十出頭的年輕法國男子，透過孫先生的居中口譯對我說：

「做完你這筆生意，我就要關起店門去茶館喝茶了。」

喝茶？如果在英國，這聽來毫不稀奇；但眼前這是法國啊，我實在好奇極了。

「你喝什麼茶？」我覺得有趣，看來年紀輕輕的他，竟然這麼懂得慢活之樂，所以忍不住問。

「Chinese Tea.」他說。

什麼？中國茶！再一細問，居然是「阿里山茶」！

臺灣茶聞名國際，我與有榮焉之餘，心中暗下決定，下回再到巴黎，不妨就帶罐阿里山茶，送給這有趣的巴黎青年吧。

小小的心意，若能帶給別人大大的快樂，何樂不爲？

於是我當眞這麼做了，第二回到了這家店，不買東西，純粹爲送驚喜。時值九月，店裡只有老闆娘，愛喝茶的年輕人不在。我用一口彆腳英文說明來意，然後，我遞上了那貼著紅紙條的金色錫罐：充滿東方風情的阿里山茶葉，麻煩她轉交。

老闆娘很驚訝，但臉上明顯的不耐。關於這點，我倒不致太受挫，畢竟我的小小心意已經傳達。再說，我這驚喜送的既不是老闆娘，也難怪她不是滋味了。

## 快樂已在付出的當下獲得

多年前的某一次寒冬香港行，氣溫很低，路邊有位瑟縮的遊民，是個老太太。我見她個子很小、年紀很大，心中實在不忍。

像老天刻意安排好了似的，一旁剛好就是間販售冬衣的服裝店，我走進去，買了件暗紅色的太空衣，出來送給那位老婦人。

挑一件暗紅的，是因爲擔心蹲在路邊的她，身形太瘦小，再穿黑或灰很容易被人踢到，紅色畢竟亮些；但若挑太淺的紅，又不耐髒。當下只是一個單純善念，我與她畢竟素昧平生，可以幫助別人，已是福報，還好老婦人沒有拒絕我的好意。她收下了外套，只是在穿上的過程中，完全沒有看我一眼。離開前，我塞了一百元到她手中，小聲提醒：「這是一百，您趕緊收好！」

然後我便頭也不回的快步離去。

老實說，作爲一個陌生人，我所給出的溫暖，是我量力而爲的小小付出，不爲求感激或回報，快樂已在付出的當下獲得。但若對方基於某種原因不願或不便接受，也應體諒，不做勉強他人之舉。

## 自尊與自卑之間，只是一線之隔

猶記得也是多年前的一次旅行，在日本新宿車站西口，與京王飯店連通的地下道內，見到許多流浪漢，或坐或躺的與寒冬抵禦著。那日氣溫相當低，正因為太冷，我們才捨棄街邊而改走地下道。即便如此，穿著厚實大衣的我，仍隱隱覺得寒意迫人，遑論衣著單薄只靠報紙與瓦楞紙箱擋風的他們！我對同行的友人表示，想買一些毛毯，送給那群街友們。

當時有位定居日本多年的女士，是我朋友的朋友，正陪著我們四處走逛。一聽我的提議，她立刻說：此事萬萬不可！

熟悉日本文化的她向我們解釋，即便是街友，也有他們神聖不可侵犯的自尊，未必會接受我這陌生人（何況還是個外國人）的好意。再說，每個人背後都有不同的故事；有些人只是因為不喜按著社會標準過日子，崇尚自我世界的美好單純。聽了她的說明，我便打消了原本的念頭。

仔細思索她的話，我不禁想起某次白日裡遇見日本流浪漢的場景：那是在我所投宿的飯店後面，有個漂亮的小公園。有天我起得早了，穿上跑步鞋，進公園散散步。正巧見到有流浪漢在刷牙，附近有個天藍色的塑膠布棚，顯然是他夜裡的棲息之所。若非我太早起且進了公園，這一幕根本不可能讓我看見。只因恢復日間秩序的日本，就連流浪漢也是恪守著「乾淨」的準則，夜裡曾有的求生痕跡，必定收拾得像不曾存在過。也許，這便是他們維繫自尊的其中一種方式吧。

自尊與自卑之間，有時僅僅只是微妙的一線之隔。無論如何，助人若不能讓人快樂，何意義之有？

旅途中的我，常帶著陌生人的愛；我相信人性的溫暖，以及因爲溫暖而美好的邂逅。這份愛也許傻氣，但只是一點金錢，換來的是助人的幸福與快樂，何樂不爲呢！

# 那瀑布水聲，萬馬奔騰也不足以形容！

尼加拉瀑布已然讓我驚嘆連連，但見過伊瓜蘇之後，這才知道什麼叫「折服」！

「數大就是美」，但當那眼前的景致，已經不是「大」可以描述，是不是有比「美」更恰當的形容？

伊瓜蘇瀑布的壯大美麗，與尼加拉瀑布全然不同。未見識過前者之前，尼加拉瀑布已然讓我驚嘆連連。見過伊瓜蘇之後，這才知道什麼叫「折服」！

## 俯瞰伊瓜蘇瀑布的震撼

世界第一大的伊瓜蘇瀑布，位於兩國之間。一面靠巴西，另一面則靠著阿根廷。如果不是因爲此番去南極之便，途經阿根廷，理所當然拜訪伊瓜蘇，否則眞不知何時，才有機會親炙世界最大瀑布的風采。

數字會說話：如果你見過尼加拉瀑布的磅礴氣勢，那麼讓我告訴您，伊瓜蘇是它的四倍！

不但大，而且原始。我們先搭乘直升機，飛行十五分鐘後，降落再轉乘遊覽車，接著再下車步行。整個步行時間需要兩小時。我們深入森林，見到許多長著長長紅嘴的鳥。一路有架好的步道延伸至瀑布邊。未及靠近，已然聽見水聲隆隆。那聲響甚是嚇人，說是萬馬奔騰怕也不足以形容。大到你不會在意它的粗糙；甚或覺得，正因未經人工，才更能襯托大自然的鬼斧神工！如前所述，瀑布雖在巴西與阿根廷間，卻沒有正反面之分。我們特意爬到最高處俯瞰，整個瀑布在腳下盡收眼底的感覺，更是難以描摹的震撼！這些年，通過旅行，我一再體驗的，就是「百聞不如一見」這句話。

好比伊瓜蘇，未去之前，我知道它很大，待見著瀑布本尊，我簡直說不出話來。光是厚度，幾乎就有半棟房子那麼大！

伊瓜蘇的原始，與尼加拉形成強烈對比。前者連水流都是黃泥水，周邊亦

令人嘆為觀止的伊瓜蘇瀑布。

無任何現代設施。尼加拉瀑布則充斥著觀光區的乾淨與便利。若以女性比喻，尼加拉瀑布像是很有氣質的小姐，伊瓜蘇瀑布則渾身上下散放著野性，像個來勢洶洶的女人！

若要問我會不會舊地重遊？老實說，我對伊瓜蘇瀑布的感想是，一輩子看一次已然足矣。反倒是尼加拉瀑布，讓人願意一再重訪。

## 一探「會呼吸的教堂」奧妙

此外，「會呼吸的教堂」亦是巴西值得一探的知名綠色建築。

從外面看，這座大如運動場的教堂像是金字塔，但瞧不出有何特殊之處。進到教堂裡細看，才知了不起。其間的空氣、風、光線，都是流通的。當時是春天，巴西氣溫已有攝氏二十八、三十度。大夥幾乎都穿上夏天的衣服；然而儘管戶外豔陽高照，教堂內卻是光線柔和、溫度涼爽。無怪乎能有「會呼吸」的美譽。

巴西治安很糟，無論有沒有去過的人大概都略聞一二。導遊也少不了誠心提醒警告。想不到，此番同團的旅客，還是有人遇搶，受到不小的驚嚇。

那是一處其實頗爲熱鬧的海邊，有餐廳，也有很多人在散步。我因爲連續三十幾個小時的飛行外加舟車的勞頓，爲了節省體力，便沒有去。團裡有對夫妻，沒戴什麼招搖的東西；走著走著，突然衝出來兩個當地人，直接鎖定太太脖子上的項鍊，硬生生要搶！

所幸太太十分機警，死命護住項鍊與脖頸，先生當然也盡了保護之力，遂使歹徒沒有得逞。但這一嚇，對遊興的減損，實在不小！

說到飾品，巴西的特產「海水藍」近年大受歡迎，我們此行也去了專門展售「海水藍」寶石的博物館。團裡仕女多，大家賞玩得不亦樂乎。其中一只戒指，藍得晶瑩剔透，火光亦足，比起眞正的藍寶也未見遜色。我才剛剛戴上手看看，每個人就不由分說的品評起來。大夥一言一句的，大讚漂亮，慫恿我買。而且紛紛鼓動如簧之舌，幫我向店家砍價。我本來只是個旁觀者，整件事卻以一種騎虎難下的姿態走向我不買不行的結局。最終這只令人驚嘆的「海水藍」被殺到了六折，但店家堅持要我以美金付款（因爲巴西幣一直在貶），總之我買下了它，適逢小輩生日，遂成了一件美麗的禮物。

啞然失笑的一次購物經驗，然而細究起來，不也是一種另類「邂逅」嗎！

# 短暫的交集，微小的美好

我偷偷看了一眼她的面容，果然憔悴，絲毫不見購物的幸福。

常常出國旅遊，多年來於機場或飛機上邂逅的人事，早已不知凡幾。這些旅途中的短暫緣分，有時眞如鏡花水月，頃刻便消逝於昨日。留存在記憶裡的，倒不見得特別如何。只是，能在平安平凡的旅途相遇，陌生的人們有了短暫的交集，也算得上是一種小小的美好。

## 憶及當年經驗，荒謬又好玩

七、八年前吧，有回我從上海飛東京，搭乘的那架飛機屬於中國的航空公司，機型本身看來十分老舊。空服員很「從容」的自嘲：「這飛機都三十幾年了，應該要退役了！」

我聽了心驚，卻又不能退票下機，只得暗自祈禱，別無所求，平安降落就好。

沒想到，飛行中途，我左前方的座位椅背，竟然毫無預警的掉了下來！老天，我坐的還是商務艙呢！

不一會兒，空服員過來了，手上拿的是很常見的那種紅色的塑膠繩。只見她不慌不忙的將那掉下來的椅背，用塑膠繩綁回了原位。

我全程看著，驚訝到目瞪口呆。此刻事隔多年，我安坐家中書房，憶及當時，才有想笑的荒謬感；然而彼時只覺安全堪慮，嚇得根本笑不出來。

幾十年前曾有一次，我要搭機赴美國洛杉磯，在桃園機場候機時，注意到一位年約七、八十歲的婦人。她看來有些不知所措，很像第一次出國。我想了想便走過去問：

「您是一個人嗎？」

她說是，再一問，正巧與我同班機，我便義不容辭的帶著顯然惶惑不安的她一起走到登機門。一路上這位女士不斷的喃喃說著：「感謝主！感謝主！」

那個時候的我尚未信教，見她不斷感謝主卻沒有感謝我，心中只覺得好玩。下了飛機我一樣帶她出關，看到她有家人在出口接機，才放心離開。

## 多年前偶遇的面孔，依然清晰

另一回去巴黎，也是十幾年前了；猶記得是在香港登機。起飛沒多久，坐在我前面的兩個小姐聊得正起勁，其中一人不慎打翻了可樂，灑了一身。當時我剛好穿了一窄一寬兩條外褲，想來她之後十幾小時的飛行航程，都得穿著溼黏黏的下半身衣物，一定很不舒服；於是便自告奮勇，將窄腿的那條長褲脫下來借她。這麼一來，她便能將被可樂弄髒的那件衣服清洗一下，待降落前一定已經乾了即可換回。

彼此因爲這樣有了小小互動，後來下了飛機便各自離去。

班機都是一早飛抵巴黎，距離酒店可以 check in 的時間還有好幾個鐘頭。我的朋友想喝咖啡，所以我們便往街上去。未料又在某間服裝店裡巧遇飛機上的那兩位小姐，匆匆打了招呼，便見她們認眞的買逛起來。

我本無意偷聽，實在是因爲服裝店內空間小，小姐們的聊天內容便陸續進了我的耳朵。似乎是某位的先生有了第三者，那傷心又氣憤的太太說：「我準備刷他的卡，花個兩百萬！不然不能消氣！」

我偷偷看了一眼她的面容，果然憔悴，絲毫不見購物的幸福。

那麼多年前的事了，然而如今想起，那張不快樂的臉依然清晰。所謂幸福，有時眞是與財富沒有半點關聯啊。

## 再大行李，也裝不下無數的「邂逅」

至於說到購物，最近我倒是因爲行李箱的緣故，被旁人一路從臺北誤會到香港。

實情是我有個短短一天一夜的香港行，但我「陣仗」可觀：一個皮包、一個登機行李箱，外加一個託運的大行李箱。

也難怪人家誤會，每個見到我的朋友都問：「妳來香港血拚啊？」

其實我什麼也沒買，登機箱是爲了將我的手提包放在上面推著走，好省點力；大行李箱裡則裝著我每日不能或缺的諸項美容保養用品。那些瓶瓶罐罐不能隨身提上飛機，我出門在外又少不了它們，於是想出了這樣省事省力的方法，殊不知看起來就是一副要出國散財的模樣！

旅行的日子，有晴有雨。像我這樣一個熱愛旅行，不斷踏上旅程的人，在那些布滿了護照的出入境戳記裡，重複累積的各式各樣「邂逅」，恐怕再多再大的行李箱，也早已經裝不下了吧。

Eurasian Publishing Group
圓神出版事業機構
用心與你對話・視野無限寬廣
圓神出版社
Eurasian Press
http://www.booklife.com.tw reader@mail.eurasian.com.tw
圓神文叢 209

# 邂逅：有時只是擦身而過

作　　者／黃麗穗
發 行 人／簡志忠
出 版 者／圓神出版社有限公司
地　　址／台北市南京東路四段50號6樓之1
電　　話／（02）2579-6600・2579-8800・2570-3939
傳　　真／（02）2579-0338・2577-3220・2570-3636
總 編 輯／陳秋月
主　　編／吳靜怡
責任編輯／林慈敏・吳靜怡
校　　對／林慈敏・周奕君
美術編輯／王琪・林韋伶
行銷企畫／陳姵蒨・詹怡慧
印務統籌／劉鳳剛・高榮祥
監　　印／高榮祥
排　　版／莊寶鈴
總 經 銷／叩應股份有限公司
郵撥帳號／18707239
法律顧問／圓神出版事業機構法律顧問　蕭雄淋律師
印　　刷／國碩印前科技股份有限公司
2017年6月　初版

定價 350 元
ISBN 978-986-133-608-4

因爲跳出框架，才能隨處隨時，不斷與美好邂逅。

——《邂逅》




國家圖書館出版品預行編目資料

邂逅：有時只是擦身而過 / 黃麗穗作. -- 初版. -- 臺北市：圓神, 2017.06
240面；14.8×20.8公分. --（圓神文叢；209）

ISBN 978-986-133-608-4（平裝）
1.旅遊文學 2.世界地理
719　　106000116

# 出走
## 用旅行找到生命的亮點

作者： 黃麗穗
出版社：圓神
出版日期：2013/06
定價：290元

**出走，是為了離開原有的繽紛，遠行至一個不同色彩的世界。**
**從非洲到東京、從開羅到北極，再走訪威尼斯、巴黎、克羅埃西亞、紐約……**
**所有傾心相訴的書寫，只願與你同享這人生中最豐美的風景。**

出發尋找隱藏在世俗瑣事下，那個閃閃發光的真我。

出走，能讓你的情緒休憩，找到向陽的出口；讓你因為拉開的空間和時間，重溫思念的美好、重新練習愛人的能力；讓你反躬自省，調整生命要件的次序。

出走，更是一種訓練，一種培養，一種啟發，一種對已然被生活鏽蝕的腦袋，最好最速效的救治。當熱情的燭光逐漸黯淡，一場隨心隨性的旅行，或許就能適時點亮你的生命風景。

且跟著黃麗穗的筆，從神祕熾熱的開羅，到蒼茫冷冽的北極；從群獸環伺的非洲草原早餐，到銀座香奈爾餐廳的優雅晚宴；從水氣氤氳的義大利威尼斯，到兩岸溫風煦煦的南法河輪……一同探索這美麗且充滿驚嘆的世界吧！

# 回家

## 今日是明日的回憶

作者： 黃麗穗
出版社：圓神
出版日期：2015/10
定價：360元

**旅行，就是學習在矛盾之間取捨。**
**離家愈遠，對家的思念愈悠長。**
**旅行，就是為了帶著愛，回家。**

★繼2013年的旅行文學類暢銷書《出走》之後，
黃麗穗再次帶你看見絕美的風景與人情。

每當我離家旅行，便是我對家的思念最悠長之時，旅行讓我學會在矛盾之際取捨。去北極，不怕嗎？當然怕！離家千萬里，放得下另一半與孩子嗎？當然放不下！可是，若不毅然成行，只怕我會有更多的抱憾。——黃麗穗

她說，出走，是為了想家。每次旅程結束，收束好所有行李與見聞，總能帶著滿滿的能量與愛，迫不及待地奔向家人。而回家之後，思及旅行中的種種，又能重溫那些快樂、驚喜、刺激、新鮮的感受。旅行，正是為人生增添豐富回憶最好的方式。

於是，她繼續提筆，書寫更多旅行中的風景與心情。舉凡巴黎跳蚤市場的尋寶之樂、非洲動物大遷徙的驚人場面、阿拉斯加坐狗拉雪橇的刺激、北極極光的絢麗奇景、北歐峽灣的壯闊平靜……都令人彷彿與她一起重遊那些世界上最美麗的角落、體驗從未經歷過的新奇事物。

現在，就讓她帶著你，一起編織明日的美好回憶吧！